经理人下午茶系列 17

知识管理

——推动企业成长的加油站

《哈佛管理前沿》
《哈佛管理通讯》 编辑组 编

陈儒 程明 等译

商 务 印 书 馆
2012 年·北京

MANAGING KNOWLEDGE TO FUEL GROWTH

图书在版编目(CIP)数据

知识管理——推动企业成长的加油站/《哈佛管理前沿》《哈佛管理通讯》编辑组编;陈儒、程明等译. —北京:商务印书馆,2009(2012.6重印)
(经理人下午茶系列)
ISBN 978-7-100-05857-5

I. 知… II. ①哈…②陈… III. 知识经济—应用—企业管理
IV. F270

中国版本图书馆CIP数据核字(2008)第078944号

知 识 管 理
——推动企业成长的加油站
《哈佛管理前沿》《哈佛管理通讯》编辑组 编
陈儒 程明 等译

商 务 印 书 馆 出 版
(北京王府井大街36号 邮政编码 100710)
商 务 印 书 馆 发 行
北京瑞古冠中印刷厂印刷
ISBN 978-7-100-05857-5

2009年3月第1版 开本710×1000 1/16
2012年6月北京第2次印刷 印张11¼
定价:29.00元

致中国读者

哈佛商学院经管图书简体中文版的出版使我十分高兴。2003年冬天,中国出版界朋友的到访,给我留下十分深刻的印象。当时,我们谈了许多,我向他们全面介绍了哈佛商学院和哈佛商学院出版公司,也安排他们去了我们的课堂。从与他们的交谈中,我了解到中国出版集团旗下的商务印书馆,是一个历史悠久、使命感很强的出版机构。后来,我从我的母亲那里了解到更多的情况。她告诉我,商务印书馆很有名,她在中学、大学里念过的书,大多都是由商务印书馆出版的。联想到与中国出版界朋友们的交流,我对商务印书馆产生了由衷的敬意,并为后来我们达成合作协议、成为战略合作伙伴而深感自豪。

哈佛商学院是一所具有高度使命感的商学院,以培养杰出商界领袖为宗旨。作为哈佛商学院的四大部门之一,哈佛商学院出版公司延续着哈佛商学院的使命,致力于改善管理实践。迄今,我们已出版了大量具有突破性管理理念的图书,我们的许多作者都是世界著名的职业经理人和学者,这些图书在美国乃至全球都已产生了重大影响。我相信这些优秀的管理图书,通过商务印书馆的翻译出版,也会服务于中国的职业经理人和中国的管理实践。

20多年前,我结束了学生生涯,离开哈佛商学院的校园走向社会。哈佛商学院的出版物给了我很多知识和力量，对我的职业生涯产生过许多重要影响。我希望中国的读者也喜欢这些图书，并将从中获取的知识运用于自己的职业发展和管理实践。过去哈佛商学院的出版物曾给了我许多帮助，今天，作为哈佛商学院出版公司的首席执行官，我有一种更强烈的使命感，即出版更多更好的读物，以服务于包括中国读者在内的职业经理人。

在这么短的时间内，翻译出版这一系列图书，不是一件容易的事情。我对所有参与这项翻译出版工作的商务印书馆的工作人员，以及我们的译者，表示诚挚的谢意。没有他们的努力，这一切都是不可能的。

哈佛商学院出版公司总裁兼首席执行官

万 季 美

译者序

管理学大师彼得·德鲁克曾断言:“就像19世纪的一项伟大任务是使手工劳动产生出巨大的生产力一样,将知识转化为生产力将是20世纪的一项伟大工程。”随着劳动力的老化,以及所有年龄段的员工都变得越来越不稳定,许多公司不得不面对持续的无法挽回的知识、经验和智慧的流失,而这些都是公司竞争力和赢利能力的重要资源。优秀的公司都十分重视实施保留和建立强大知识体系的战略计划。换言之,公司的员工是最重要的资产,而知识体系的载体就是员工,员工知识与能力需要不断提升,知识管理就是企业持续拥有核心竞争力的来源。

知识的管理需要搭建平台,知识管理平台是收集知识、积累知识、讨论知识、理解知识和运用知识的基地,公司员工通过这个平台可以发表观点并进行讨论,形成知识管理的氛围,营造出员工对知识的渴望。

最好的知识管理机制应该使公司的每个成员都参与其中。一个公司做不到知识共享可能是由于公司文化问题,公司员工不能因共享知识而得到奖励,他们就不会为知识管理作出贡献。

有的公司片面强调技术在知识管理中的作用，其实技术不是包治所有知识管理顽疾的良药。如果公司的管理人员不把知识管理与其行为结合起来，知识管理就无异于纸上谈兵。

人们已普遍认识到知识管理的有效执行并不是一件容易的事，若能从中不断总结经验教训，那么，知识管理的计划就能执行得更有效和成功。

本书所收录的文章对有关知识管理的内容作了系统阐释，许多观点和研究成果可以供读者分享，同时也带给我们对知识管理的很多启示。我和参与翻译本书的同事一起力求翻译出原作的思想，尽可能准确地表达原意，但由于水平所限，难免有错译和不准确之处，敬请读者批评赐教。

我要特别感谢参与本书翻译的程明先生、谢亚凡女士、王岸欣先生和俞姗女士，他们在辛勤工作之余参与了本书的翻译工作。我还要对商务印书馆所有参与本书出版过程的编辑和工作人员表示诚挚的谢意。

陈　儒

2008年12月

目录

CONTENTS

前　言　001

第一部分　缘何需要知识管理　017

1. 我们是否知其所以然——理解知识管理　018
2. 知识管理——需要克服的四大障碍　028
3. 能否提升知识型工作对知识型员工的影响力　038
4. 智力资本对于困境企业的意义　046
5. 当团队中的最优秀人才离职时，是否会同时带走他们的知识　060

第二部分　团队的知识管理　069

1. 知识管理——四个实用步骤　070
2. 管理知识——如何运用知识赚钱　076
3. 加布里埃尔·舒兰斯基访谈录——促进最佳实践的推广　086
4. 竞争情报的力量　096
5. 汤姆·达文波特访谈录——你最大限度地发挥了知识型员工的作用了吗　104

目录 CONTENTS

第三部分　管理领导者的知识　113

1. 何谓首席学习官的真实认知　114
2. 培养领导者的艺术　124
3. 有关对等领导能力开发的五个问题　136

第四部分　充分利用知识管理技术　141

1. 企业内部互联网的新用处　142
2. 将正确的数据用在合适的地方　152
3. 信息技术的再认识　160

作者简介　166

前　言

30多年前，管理学大师彼得·德鲁克曾经断言："就像19世纪的一项伟大任务是使手工劳动产生出巨大的生产力一样，将知识转化为生产力将是20世纪的一项伟大工程。"德鲁克关于知识转化为生产力，即知识管理的直觉竟然一语成谶。

那么，究竟什么是知识？相应地，什么又是知识管理呢？一个公司的知识具有许多不同的形式，包括员工在工作过程中所获得的信息和学识，以及劳动者本身所体现出的使公司拥有竞争优势的独特技术和能力。知识也能够表现为数据库、报告和手册等信息形式，以及公司所拥有的受法律保护的知识产权（专利、版权、商标、商业机密等）。

首先，知识管理必须确定一个公司拥有的哪些（以各种形式存在的）信息能使自己受益。然后，知识管理需要设计出方法使员工能够方便地获得这些信息，从而将其转化为有价值的产品、服务、流程等。不同公司在实施知识管理时各有不同，但一般都包括以下内容：

- 创建最佳实践的信息库。
- 在公司的客户服务人员和产品制造人员之间建

立信息沟通网络。

- 建立正式的流程以保证在项目执行过程中所获得的经验教训能够传达给执行相似任务的同事。
- 引入非正式的人际交流网络，该网络由长期在公司工作的员工以及能够联系信息需求者和信息提供者的员工组成。

那些善于运用知识管理的管理者能够为公司带来可观的收益，包括：

- 提高生产力：举例来说，得州仪器公司（Texas Instruments）通过研究和分享自己不同的晶片加工厂的关键工作流程，利用现有的设备在六个月内增加了相当于一个工厂的产量——这迅速地满足了市场的需求。福特汽车公司的最佳实践复制系统帮助工厂负责人实现了全公司年均产量增加5%的目标。
- 节省成本：举例来说，石油巨头雪佛龙（Chevron）通过在其炼油厂的能源使用管理人员之间分享其最佳实践经验，在1991年至1999年间节省费用超过6.5亿美元。得州仪器公司则通过在其13个半导体工厂间推广最佳实践经验节省了10亿多美元，这相当于得州仪器公司节省了重建一个全新工厂的费用。

➢ 增强竞争优势：举例来说，一个消费品公司通过建立正式的知识管理系统，能够比其竞争对手更迅速、更便宜、更高效、更创新地为客户提供产品。除此之外，专业服务公司安永(Ernst & Young)通过使用 Powerpack 的文件汇整系统，收集了适用于特定行业的信息资料，使它们的咨询顾问能够更快速地提交企划书，从而为公司赢得了更多的业务。

显而易见，知识管理能够产生巨大的收益。的确，传统观念认为知识管理是“21 世纪唯一最有价值的公司资产”，商业评论家马蒂森·克罗(Mattison Crowe)这样认为，“知识管理的能力将变得日益重要”。与这些观点相回应，管理专家查尔斯·汉迪(Charles Handy)估算公司知识（汉迪称之为智力资本）的价值是公司有形资产账面价值的三到四倍，其他专家的估算数字都在三倍以上。

为什么知识管理变得如此重要？专家们给出了一些解释。巴布森(Babson)学院的信息技术和管理学教授汤姆·达文波特(Tom Davenport)认为，原因之一是目前知识型员工构成了发达经济体中的员工主体。这些员工有很高的教育程度或技能，他们的工作主要包括创造、传播和应用知识。达文波特解释说，“他们的行为，包括研发、营销、工程、规划、客户服务和管理，对他们公司的创新和成长都至关重要。”那些不善于管理员工知识的公司，将失去有效的知识管理所带来的重大效益。

除此之外，人口变迁，即日益迫近的老龄员工的退休潮以及所有年龄层员工不断增长的跳槽率，预示着未来世界各地的公司都将会遇到麻烦。咨询公司埃森哲的合伙人戴维·博思(David Boath)和戴维·Y. 史密斯(David Y. Smith)认为，这些人口变迁使公司面临"持续的、无法挽回的知识、经验和智慧的流失，而这些都是竞争力和赢利能力的根本来源"。随着大批婴儿潮出生的人离任而进入退休状态，这种"人才流失"的现象还可能变得更糟。

克罗认为，"为了在新的世纪成功地参与竞争，一个公司要更好挖掘其潜在的智力资源。"因此，公司如何建立和保留由它们的员工所代表的知识体系？这并非易事。那些寻求发展和应用知识管理战略的管理者们能够预料到他们可能遇到的无数障碍和缺陷。举例来说，知识型员工不但是一块简单的电路板，他们所拥有的知识和技能千差万别，他们为公司提供知识、带来收益的方式也不尽相同。因此，知识管理战略必须因不同的知识类型而异——这是一项艰巨的任务。

此外，卡拉·奥德尔(Carla O'Dell)在研究得州仪器公司知识管理实践并对这一课题著书之后表示，太多的管理者错误地认为"技术是包治所有知识管理顽疾的良药"。这些管理者认为，管理他们所在公司的知识只需要“创建一个数据库”，然后“所有人都可以把资料存在里面”。“如果你创建一个数据库，”奥德尔解释说，“没有人添加资料，当率先访问数据库寻找答案的几批人无功而返时，那么一切就宣告结束。”

由于存在这样那样的困难，很多公司的知识管理刚开始实施的时候轰轰烈烈，最终却草草收场。的确，多数知识管理项目始终处在试水阶段，从未再前进一步。然而，经过深思熟虑和认真设计，你可以增加为自己的团队、单位或部门设计出有效的知识管理战略的机会。本书收录的文章提供了丰富的实践指引和有效工具。以下是本书内容的简要介绍。

缘何需要知识管理

这一部分的文章详细地定义了知识管理，说明了为什么知识管理对公司越来越重要，描述了管理者在建立知识管理系统时可能遇到的障碍和缺陷。这些文章还阐述了与设计公司层面的知识管理战略相关的见解。

举例来说，第一篇文章“我们是否知其所以然——理解知识管理”阐述了如何判定一个正式的知识管理系统对公司整体是否有效。如果你的公司分布在不同的地理区域，或者在一个地方但管理着几百名员工，知识管理系统就可能是有效的。还要避免一些常见的错误，如实施一个过大、过于复杂的知识管理计划，过多依赖技术工具，忽视了在日常工作行为中展示知识管理的重要性，以及没有奖励那些分享知识的员工。

“知识管理——需要克服的四大障碍”主要说明了很多公司在建立知识管理系统时所犯的错误。例如，一些管理者建立知识管理系统是为建而建，而不是利用它来解决经营中的问题。另一些管理者只热衷于知识管理系统的试水阶段，而忽略了知识管理的全面推广，一旦他们的注意力从知识管理转移到其他工作时，推出知识管理系统所需的资源也就逐渐枯竭了。还有一些管理者既不清楚要做哪些工作来确保知识管理的成功实施，也不明确每项工作由谁负责，每项措施由谁实施。最后，很多管理者都采用“大小通用”的方法进行知识管理，其实，能满足每个用户的个性化需要和工作的独有特征的知识管理系统才是最好的。

在“能否提升知识型工作对知识型员工的影响力”一文中，汤姆·达文波特着重阐述了构建有效的知识管理系统中个性化设计的有关问题。他认为“提高（贵公司知识型员工的）劳动生产率，关键是针对不同的工作种类人员采取相应的措施”。例如，对于交易处理类员工（例如客服中心的员工），常见的措施包括运用数据库和工作流程自动化工具将工作“脚本化”。“客服中心的员工通常会被告知在各种情况下该如何进行表述，如何回答各种可能的客户意见和问题，”达文波特解释说，“由于工作的繁忙程度和及时回应客户的需要，没有时间在知识库中搜寻答案，因此信息资源的使用也就受到严格的限制。”但是“脚本化”手段无法适用于“协同作业类”人员，例如那些跨越不同职能部门、有着丰富经验的内部顾问。因为他们的工作中涉及太多无法明确描述的不确定因素。对这类人员而言，“最合适的是能够拥有一系列工具，按需取用，每个人（而不是公司）都可以组装这些工具和知识”。

在“智力资本对于困境企业的意义”一文中，马蒂森·克罗表示公司的知识只有在三类智力资本的相互作用下才会变得有价值。这三类智力资本是：1）人力资本（例如公司开拓业务所需的独特技能），2）组织资本（包括知识产权、公司目标、战略和信息系统），3）客户资本（公司的客户、供应商、销售渠道以及行业协会、贸易组织和与公司相关的政府政策制定者等）。

克罗还描述了度量、掌握和开发公司智力资本的工具。这些工具包括胜任力示意图（描述了员工们做好工作所需要的技能和素质）、同业社团（定期会面以分享知识的员工组织，以及由于面临共同的问题而非正式联系在一起的员工），以及公司“黄页”（按照问题所涉及的领域编制的公司内部专家名录）。其他的工具包括经验教训数据库（将主要的经验教训归档以备日后参考的数据库）和知识论坛（可供公司雇员、客户及供应商互动的网上空间)。

本部分的最后一篇文章是“当团队中的最优秀人才离职时,是否会同时带走他们的知识”,由埃森哲的两名合伙人戴维·博思和戴维·Y. 史密斯撰写。两位作者强调了人口变迁造成了知识渊博、经验丰富的员工离开以及这种“人才流失”给公司带来的成本。博思和史密斯还提出了一些关于如何保存员工知识的建议。例如,识别对公司战略来说最为关键而又最有可能流失的知识经验,然后把这些关键知识制度化;又例如,通过与个人面谈,准确而清楚地言明这些人在公司里的工作职责,并将这些信息记录存档。更好的业务连续性计划和使用先进的网络学习技术能够帮助公司进一步地保存关键知识。

团队的知识管理

这一部分的文章集中论述了如何在你的团队、部门或分部中进行知识管理。在“知识管理——四个实用步骤”一文中,咨询师黛安娜·麦克费林·彼得斯(Diane McFerrin Peters)提倡创造一个促进知识分享的环境。例如,考虑建立一个开放型的会议制度,每个人都能参加任何会议。在会议室中安排圆桌形式,“这样就没人能坐在首席并主导讨论了”。也可以允许员工越级跟你和其他高层分享他们的观点，你的团队就能想更多的办法把工作做得更好。应该有人知晓他们一般在各种活动上花费的时间，判断这些日常活动是否能够促进你的团队在出主意、找办法及分享创意方面的能力，如果不能，就可以考虑外包或终止那些与工作重点无关的活动。

“管理知识——如何运用知识赚钱”一文描述了在一个团队或单位中成功地推动知识管理计划的六个步骤。1）确定知识管理计划的目的。如，你是否希望拉近与客户的关系，加快上市速度，强化操作上的优势？2）选择适当的流程。你是否要提供数据库技术，让员工找到所需的信息？你是否会鼓励使用“知识网络”——个人可以在小组内部分享他们在不同项目中的知识？3）寻找并任用合适的员工，包括那些有经验引领变革的人。4）确保技术能支持你的数据库。5）投资培训知识型员工。6）将知识管理的重心放在公司的战略层面。

此外，这篇文章还提供了一则关于学习史料的特别提示——讲述故事有助于将公司的隐性知识编撰成册，否则这些知识可能会失传。为了编辑学习过程的历史资料，人们组成不同的学习小组，分享他们过去工作中成功的经验或者失败的教训。

在“加布里埃尔·舒兰斯基访谈录——促进最佳实践的推广”一文中，劳伦·凯勒·约翰逊访问了欧洲工商管理学院的战略学教授加布里埃尔·舒兰斯基。约翰逊向读者介绍了舒兰斯基的经验,管理者如何消除员工不愿意将自身团队的最佳实践经验与其他团队成员分享的抵触心理。舒兰斯基认为员工有几种原因不愿意分享最佳实践经验,例如,有些员工认为最佳实践经验在新的环境条件下未必有效,另一些员工因为没有认识到新知识的价值,或者他们缺乏共同语言,无法将该经验用在其他部门。此外,还有些员工从来没有与公司其他部门同事很好的沟通和合作的经历,因此也做不到这一点。

舒兰斯基然后解释了如何克服这些障碍,找到使知识得到分享的方法。他建议采取一切可以采用的方式在不同部门员工间建立紧密联系。舒兰斯基认为:"在亲密的人际关系中,人们感觉自己是这些纽带中的一分子,他们享受交往的乐趣,合作更迅速,创造出更高的生产力,并且彼此之间响应更为积极。这些对最佳实践的推广而言都是至关重要的——因为知识提供者和接受者之间在长时间内反复交流互动。"

但是,公司某个部门最好的经验并不是你应该掌握和分享的唯一有价值的信息,你还需要了解公司竞争对手的信息,并确保你的员工利用这些信息提高整个团队的业绩。商业评论作家戴维·斯托弗(David Stauffer)所著"竞争情报的力量"一文对这个题目进行了讨论。斯托弗给出了四条建议:1) 信息的搜集——

这些信息常常可以从竞争对手的员工或利益相关者那里获得。2）信息的解读——根据当时的经济条件、客户偏好、潜在的监管措施以及大环境下的其他影响力评估你所获取的信息的含义。3）将信息与公司的利润联系起来。例如，如果你得知有些客户对你的竞争对手不满意，如何利用这一信息把这些客户争取过来从而增加公司的收入？4）如何有组织地开展信息搜集工作。举例来说，你可以考虑将搜集竞争对手情报的工作外包给咨询顾问，这些咨询顾问会去参加贸易展览会，了解到竞争对手的很多情况，而不会将你的公司名字暴露给别人。

在"汤姆·达文波特访谈录——你最大限度地发挥了知识型员工的作用了吗"一文中，劳伦·凯勒·约翰逊介绍了汤姆·达文波特的见解，即管理者如何重新定义他们的职责从而发掘知识型员工的最大价值。

管理者尤其需要从像"老板"的角色转变到"选手和教练"的角色，他们必须能和他们的下属一样履行知识管理工作，他们还需要保护他们的知识型员工免受官僚主义之害，具体例子包括确保有足够的经费用于正确的知识型工作项目，向其他不了解知识型工作的管理人员讲解该项工作的内容，以及避免把不必要的条条框框强加给知识型员工。

管理领导者的知识

领导者的知识和经验在一个公司的运作中起着独特的作用，因此，拓展进而管理领导者的知识需要独特的策略。这一部分的文章研究了这一课题。

在“何谓首席学习官的真实认知”一文中，商业评论作家洛伦·加里（Loren Gary）写道，很多公司已经培养出一批新型的领导者，他们帮助将知识资产转化成公司客户和员工的长期资产。这些新的主管——首席学习官（CLO），也可能称为首席知识官或知识管理总监，不能将他们与首席信息官（CIO）或首席技术官（CTO）混淆。与其他信息或技术主管人员的职责不同，首席学习官要确保公司拥有流程、系统和文化来有效地促进知识共享，这既包括公司内部的知识共享，也包括公司和客户之间的知识共享。加里然后阐述了一个高效的首席学习官应遵循的原则和经验——例如区分“知其然”、“知其所以然”和“知其如何为之”等不同类型的知识，并予以区别对待。

在“培养领导者的艺术”一文中，贝恩公司的咨询顾问维杰·威斯温纳斯（Vijay Vishwanath）和玛西娅·布伦科（Marcia Blenko）介绍了卡夫食品（Kraft Foods）公司在培养管理者和执行官时所采取的策略，而后作者指出了卡夫公司经验的可借鉴之处。卡夫公司培养领导者的成功之道，在于它遵循五个方面的指导原则：1）尽早地给那些有培养前途的人划出责任底线。2）一旦年轻的管理者掌握了业务的基本要点，留出较大的决策空间给他们自己决定如何达成目标。3）锻炼管理者施展影响的艺术，而不是发布命令。4）鼓励集体成就，而非自我炒作。5）致力于留住人才。

本部分的最后一篇文章——“有关对等领导能力开发的五个问题”对 CompanyCommand. com 进行了深入的研究。这个网站是为美国军方一级指挥官服务的专业论坛，其目的是创建一个实践社群，让那些正面临领导力挑战的人能够与有相似经验的同僚实时沟通。四位美军少校和一位知识管理顾问共同提供了一些案例，介绍这一实践社群如何帮助军官们不仅互相增进了知识，而且提升了领导效力。

充分利用知识管理技术

正如这篇关于 CompanyCommand. com 的文章中所阐述的，技术在知识管理中扮演着一个生死攸关的角色。然而，仅有技术本身是不够的，企业必须有效地使用它。这一部分的文章将更加密切地关注这个主题。

“企业内部互联网的新用处”说明了企业的内部互联网——基于互联网的知识管理系统，能够带来的益处。企业内部互联网可以辅助培训和知识分享，包括交互式学习和远程学习。例如，在 JC 彭尼（JCPenney）零售公司，一个经理可以登录公司网站，浏览根据他的职责和级别定制的页面，这个页面包括培训课程和管理技巧。事实上，公司已经不再印刷和邮寄培训材料了，这对于一个覆盖面广、每年雇用 400～700 个管理培训生的零售商来说是节省了一笔巨额开销。除了能够更简便地获取信息和节省开支外，企业内部互联网还能够帮助公司自动分配常规任务，并整理和沟通信息数据。

在“将正确的数据用在合适的地方”一文中，咨询顾问弗兰克·斯坦菲尔德（Frank Steinfield）介绍了一个关于公司如何利用网络技术进行知识管理的案例。例如，脆奶油公司（Krispy Kreme）创建了动态的知识管理门户网站（mykrispykreme. com），以对时间敏感性的工作数据进行编辑和重新分发。这些技术不仅能够帮助公司“超快速地调动前线兵力”，并且能够扩大收入和节省开支。斯坦菲尔德对建立知识管理门户网站提出了一些建议，例如，在员工已经熟悉的技术平台上开发系统，这样，人们会发现新系统使用起来很容易，也就更容易接受。

最后，在“信息技术的再认识”一文中，咨询顾问埃里克·马库斯（Eric Marcus）阐述了如何最大限度地利用知识管理技术。例如，在如何使更多的员工而不只是一小部分人为知识管理系统贡献力量方面，很多公司都遇到了困难，一些公司已经找到办法来应对这一问题。马库斯举例说，欧洲一家大型银行“把企业内部互联网的前端设计成一个地图页面，看起来像一个村落。建筑物代表不同的银行业务。在每个建筑内部，大厅的滚动屏上标注了每一层楼正在讨论的内容，而每一层楼的滚动屏上标注了每个房间正在讨论的内容。所有员工都能看到并参与其中”。

马库斯写道，“最初，员工访问（改版的）企业内部互联网只是看看讨论的主题都是什么，随后，企业内部互联网的使用量开始增加，很快，员工们表示，他们使用企业内部互联网的主要动机是为了获得解决问题的成就感，而且很多时候与根本不认识的人一起解决问题。”

当阅读后面的文章的时候，想想你会怎么回答下列问题：

- 你的公司目前是如何进行知识管理的？你的团队、部门或业务板块是如何进行知识管理的？你的公司或团队目前进行知识管理的方法当中，哪些是比较有效的？哪些是可以提高的？
- 你通常会遇到知识管理的障碍有哪些？举例来

说，你是不是更关注知识管理项目的试水阶段，而不是实际推广阶段？你如何避免未来这样的情况再次发生？

- 哪些知识对于保持或增强你公司的竞争地位是最根本的？在你公司或部门里，谁掌握这些知识？你能为留住这些人并充分发挥他们的专长做些什么？你应该怎样整理这些知识，以保证公司其他员工能够使用它——即便将来这些人会离开公司？
- 你如何拓展公司主管的知识视野？如果公司没有首席学习官，你应该如何履行首席学习官的职能？
- 你公司或部门是怎样运用技术（例如在线学习和基于互联网的实践社区）进行知识管理的？这些技术发挥了多大作用？你应该采用哪些方法提高知识管理技术对你公司的价值？如果你的员工目前拒绝使用这些技术，你应该如何鼓励他们？

第一部分

缘何需要知识管理

知识管理对现代组织机构而言为何至关重要？以下文章将为你揭晓答案，你将看到知识管理的详细定义、知识管理为何日趋重要的例证，以及在构建知识管理体系过程中，管理人员可能遭遇的障碍和可能存在的缺陷。这些精选的文章还为规划公司层面的知识管理战略提供了真知灼见。

1. 我们是否知其所以然 理解知识管理

1. 我们是否知其所以然
——理解知识管理

"知识管理"一词早已充盈我们的视听，在过去的几年中，无数公司也纷纷推出知识管理项目，可能你对该词已耳熟能详。尽管初级教育认为不断重复理所当然产生理解，但事实并非一定如此。那么我们这里所探讨的知识管理到底是什么呢？

何谓知识管理

知识管理是公司的一个正式、规范的流程，通过这个流程首先推断公司所拥有的何种信息能够对公司其他人有所裨益，然后设法使公司上下能够方便地获得该信息。在实践中不同的组织机构采用不同的知识管理模式，但通常都包括以下步骤：

➢ 创建最佳实践的信息库；

➢ 在公司客户服务人员和产品制造人员之间建立

信息沟通网络；

- 建立正式的流程以保证在项目执行过程中所获得的经验教训能够传授给执行相似任务的同事。

没有上述步骤的所谓知识管理都是不规范和随意的。试想，一个团队在工作中遇到了困难，团队成员四下询问是否有其他人做过类似的工作，如果有，那么这位有经验的人员是否可以提供建议和忠告。这种打探有时候会有斩获，但是由于很难找到一种简便易行的方法来知晓各人都具有什么经验，这一过程耗费时日，而且结果完全听天由命，公司所积累的知识可能永远不见天日或被束之高阁。

规范的知识管理将有效防止这种时间和资源的浪费，因此英国石油公司（British Petroleum）、孟山都（Monsanto）公司、普华永道、惠普等许多公司都运用了知识管理，并且成效斐然。雪佛龙自 1991 年开始在其炼油厂的能源主管之间实行最佳实践共享，迄今为止所节约的金额超过 6.5 亿美元。得州仪器在旗下的 13 间半导体工厂推广最佳实践，节约了 10 亿美元。

得州仪器的经验阐释了知识管理流程的运作方法。该公司的半导体市场迅速扩张，但基于半导体行业瞬息万变的特点，公司不愿投入高昂成本新建加工厂。卡拉·奥德尔在撰写关于知识管理的新著时对得州仪器进行了研究，他认为“半导体市场变化太快，如果你不能在消费者狂热追求的时候拿出产品，那么你就只能坐失良机”。因此，得州仪器所面对的挑战是，如何在不新建厂房的基础上，生产出更多、更别致的产品。

公司的现任执行总裁汤姆·安吉伯（Tom Engibous）是当时半导体部门的负责人，他要求本部门的管理者利用现有的生产设备再创造出等同于一个新的晶片加工厂的产量。“他说，‘我们的数据显示，你们各有所长，各有所精，我们必须找到一种途径把那些最佳实践快速传播开来。’”奥德尔介绍说。奥德尔是美国生产力和质量理事会（American Productivity and Quality Council，APQC）的会长，该协会是一个非营利性机构，帮助公司相互学习最佳实践。

由于知识的共享与大多数经理的本能相左，安吉伯改革了薪酬激励体系，即经理的奖金不再以自己工厂的产出为基础，而是以所有工厂的总产出为基础进行奖励。

在这一措施的激励下，管理者忙碌了起来。他们组织了专门小组研究每个工厂的关键流程，这些小组研究出了最佳工作方法，比较了各种信息，并将成果带回各自的工厂。正是由于这些努力，得州仪器在六个月内就实现了生产目标——快速完全满足了市场变化的要求，并且比新建工厂的时间缩短了三个月。奥德尔补充道：“他们完成的任务两倍有余，并且节约了15

亿美元。”

知识管理是否适合贵公司

虽然只有大型跨国公司才能达到像雪佛龙和得州仪器那样节约巨额的费用，但是所有具有合理规模的公司或经营单位都可以通过规范的知识管理体系实现生产力的显著提高。那么究竟需要多大的规模呢？根据惠普公司知识管理经理查克·西洛夫(Chuck Sieloff)的经验，“最清晰的分界点”是具有多个办公地点并且必定需要正规程序的公司。对那些只有一个办公地点的公司而言，“我不知道分界点在哪里，但是一旦你的下属超过几百人，你自然不再对所发生的事了如指掌，不再清楚哪些人了解哪些事”。

要确定贵公司或贵单位是否能够从知识管理受益，公司规模仅仅是第一步。西洛夫指出，第二步要评估在对待知识方面的公司文化，从而明确需要改进的地方。“首先要扪心自问公司目前为何做不到知识共享。对一些公司而言，这是个文化问题，公司员工不能因共享知识而得到奖励，因此他们基本上认为无所作为会更好。”当然，你还需要明确哪些地方无须改变，像一些公司的非正式网络就能够有效地实现知识管理。正如西洛夫所说，“这就是‘六度分隔’现象，如果贵公司文化中存在众多非正式的网络，并且公司员工长期稳定——就像我们公司那样人员流动率非常低，那么你就不太需要问'你知道谁认识某某人吗?'这类问题。"

巴力咨询公司(Barnett International)的知识管理总监马克·G. 马奇耶(Mark G. Mazzie)认为，在知识管理流程中常常可以避免无谓的重复劳动。"如果你的目的是试图改变公司的文化，你不应该抛弃已有的结构体系或沟通方式而重新建立一个崭新的系统，这将使这项工作倍加困难。通常的情况是，公司已经存在某些结构或方式，你只需增强它们的便利性和友好性。"

知识管理的实施

一旦确定需要建立正规的知识管理体系，接下来应进行正规的稽核，明确贵公司需要了解的事项以及可以找到何种信息。奥德尔认为，在这一步骤应该回答以下五个问题：

- 贵公司的哪些流程对公司的净利润具有最大的影响?
- 如果有的话，公司哪些知识能够使这些流程更加有效?

- 这些知识是否是我们内部已经拥有但却不能恰如其分地适时运用，还是需要我们从外部获取？
- 谁将是这些知识的使用者？
- 我们如何启动将知识传授给员工的项目？

奥德尔曾经工作过的一家跨国公司，转变其经营模式，将产品的销售转变为客户解决方案的销售。在这一过程中，该公司反躬自省上述五个问题，明确了对净利润影响最大的流程正是销售流程本身。然后，公司询问参与到销售环节的员工，在新的环境中，什么样的措施有助于他们提高销售效率？销售人员的回答是，他们想知道是否有人在其他国家成功地销售过某种解决方案？如果有，是在哪个行业？是哪种解决方案？他们应该向谁了解更多的细节？

在探究了上述问题后，公司发现自己实际已经拥有了这些信息但却未曾利用，国内的各业务单元都拥有解决方案和方法的数据库，但却没有连接或共享。于是公司启动了新的方案，将各业务单元的代表召集到一起组成一个特别工作组，其任务是研究将什么样的信息传递给销售人员，并且如何计划实施。

知识管理中需要避免的缺陷

知识管理项目会遭遇重重困难，专家指出其中最危险的障碍包括：

盲目武断地开始

奥德尔指出，知识共享是一种"反自然行为"，因此明智的做法是以小项目启动，最好是那种可以在六到九个月的时间内评估其成效的试水项目，而一旦推广的时机到来时，必须投入相当的资源，才能获得可观的收益。"如果你想硕果累累，这就需要看你所投入资源的多少，因此不要选取无关紧要的事项。"更重要的是，在这一过程中，必须确保有专人负责。"你需要一个组长来推动项目的顺利进行，这同其他事情一样需要项目管理能力。"

依赖技术捷径

奥德尔指出，人们往往认为技术是包治所有知识管理顽疾的良药，"失败有一个明显的征兆，起手第一式就是创建数据库。'我们来创建一个数据库，所有人都可以把资料存在里面。'问题是如果建立了数据库而没有人添加资料，当率先访问数据库寻找答案的几批人无功而返时，那么一切就宣告结束。这就是想要有所作为却自毁长城"。《投资总监》(*CIO*)杂志的常务主编安娜·斯图尔特(Anna Stuart)补充道："那些仅仅简单堆积资料而不进行整理和分析的公司往往会发现，由于存储空间有限，加上耗费时间查找错放的资料，过多的信息比完全没有信息更糟。”

普华永道（Price Waterhouse Coopers）知识管理事务的鲍勃·贡斯（Bob Guns）甚至建议，应该考虑将某些信息存放在除数据库之外的任何地方，“找到组织机构中的最佳实践并收集相关事件的资料，由专业写作人员记录下来，并将它嵌入到所有地方，如培训资料、制度和流程等，尽可能在组织的不同层面都留底”。这样，公司员工就可以定期接触到这些信息，而不用需要时才到处寻找。

没有行为示范

如果管理人员不把知识管理与其行为结合起来，无异于纸上谈兵。惠普公司的西洛夫认为，其中的一个关键其实非常简单，就是提出正确的问题，管理人员应该询问员工是否希望充分利用已有的知识，他们计划怎样分享在上一个项目中获得的经验。

忽视奖励的威力

因共享知识而获得奖励的员工会再接再厉。西洛夫介绍，方法之一是将知识管理融入正规的业绩评估和薪酬激励体系中去。“必须扭转的一个认识是，你会因分享知识而不是怀揣秘籍而获得认可和奖励。”这就是说，要确保分享知识的员工得到选拔和重视，要确保这些员工的名字与他们的贡献紧密相连，他们会因为给公司的知识宝库添砖加瓦而声名鹊起。

2. 知识管理 需要克服的四大障碍

2. 知识管理
——需要克服的四大障碍

知识管理继续引领时尚并夺人眼球，但它仍然只是一个命运多舛的概念，只有少数的组织机构，如世界银行和施乐公司，开发了强大的知识共享系统，并已经成功地在日常运营中运用。许多公司虽然采取了行动，但最终虎头蛇尾。根据美国生产力和质量理事会(American Productivity and Quality Council，APQC)对知识管理进行的多次调查，大多数项目在试水阶段便面临陷入困境的危险。

怎么会如此呢？美国生产力和质量理事会的专家以及其他专业人士，将通向知识管理的成功之路上的几处障碍标注出来，其中包括：

缺乏商业目的

乔治·华盛顿大学教授南希·M. 狄克逊(Nancy

M. Dixon)著有《共同的知识:公司如何以分享所知而兴盛》(*Common Knowledge: How Companies Thrive by Sharing What They Know*)一书,她指出,太多的公司将知识管理本身作为最终目标,这些公司执行知识共享方案的原因,是因为它们认为会有收获,或者它们理所当然地认为有效的组织机构应该能在部门之间进行知识共享。

这其实是本末倒置。狄克逊认为,"推动知识管理的目的不在于催生知识管理,而是在于解决公司最迫在眉睫的问题,将知识管理用于它最能发挥作用的地方。"美国生产力和质量理事会的会长卡拉·奥德尔对此也大加赞同,她说,"知识管理无法在公司发挥有效作用的首要原因是其推崇者不能将知识管理与现实中的经营问题结合起来。如果仅仅设法提供人们沟通和分享的工具,就如同先有了答案,再去寻找与答案相匹配的问题,这本身就是缺陷之所在。"

成功的案例都是先有经营问题,然后知识管理帮助解决这些问题。例如,安永公司为了帮助公司顾问更快地提出企划书,开发了 PowerPack 文件汇整系统,它能根据特定行业筛选信息。福特汽车公司的所谓"最佳实践复制系统"是为了帮助工厂管理人员完成年生产力提高 5%的公司目标。在安纳达口石油开采和加工(Anadarko Petroleum)公司,计划分析师蒂法尼·泰勒(Tiffany Tyler)指出,"每个人都希望凿出一口新油井，人们对此兴致盎然。如果可以表明我们能将整个作业周期缩短一周，并对在何处钻井有更好的决策（这就是公司知识管理所要达到的目标），那么当问及‘你们是否接受知识管理？’时，大家都会给予肯定的回答。”

计划不周，资源不足

麦克德莫特顾问（McDermott Consulting）公司的总裁理查德·麦克德莫特（Richard McDermott）合作参与了多项美国生产力和质量理事会的研究项目，他指出，许多公司将注意力集中在知识管理的试水项目上，而遗漏了后期的成果推广。“试水项目因其新颖而获得大量的重视和支持。高层管理人员看过试水项目后觉得很棒，他们准备带头督导。”然而，时移世易，高层人员更迭，加上市场变化，公司的注意力转移到其他地方，资源很快地消耗殆尽。

为了避免这种情况的发生，麦克德莫特建议在启动试水项目的同时就要制订推广计划，这才能使管理人员明白（并作好计划）。“试水项目的结束，才是真正工作的开始。”此举对于确定公司已准备好为知识管理配备资源起着重要作用。麦克德莫特认为，“如果你准备投资 50 万到 100 万美元实施三个试水项目，那你就该想到在全面推广时，会有相当可观的更大投入。”

享有最佳实践的公司在这些投入上从不犹豫。美国生产力和质量理事会调查的标志性企业中，许多一开始就投入100多万美元来启动知识管理方案，每年用于持续发展和维护的费用更是超过了这一数字。狄克逊指出，像安永顾问公司，每年将销售收入的6%都用于大刀阔斧的知识管理，虽然这一数字还包括了不是专为知识管理而进行的技术投资，不过知识管理终将因这些技术而受惠。

进程的量度

知识管理中一个棘手的问题是，很难进行绩效评估。但难度大并不意味着不可能。乔治·华盛顿大学教授南希·M. 狄克逊指出，“需要对两个问题（结果和过程）分别进行测评。”对结果的评估取决于通过更好的知识管理所期望达到的目标，如提高劳动生产率、更快的周转率等，狄克逊认为，“只要确定了具体的知识管理目标，就可以进行评估。”

对过程的评估取决于知识管理体系的性质，你希望知道员工是否按要求行事，如他们是否接入数据库，利用其他同事的咨询技能，将企划案存入知识库等。狄克逊认为，虽然要想确定知识管理是否已经“实施”

是困难的，但可以评估的是员工是否在从事你所认为的知识管理，你也可以评估他们是否达到你所要求的目标。

缺乏责任人

如果没有专人负责，推行知识管理的举措最后极有可能是不了了之，而对于大公司来讲可能需要多个负责人。美国生产力和质量理事会的会长、《假如我们明白自己所知道的一切——内部知识和最佳实践的传播》(*If Only We Knew What We Know: The Transfer of Internal Knowledge and Best Practice*)一书的作者之一卡拉·奥德尔的看法是，“经验表明，如果大公司要推动知识管理，除了资讯科技人员外，还需要四个核心成员专门负责。”而较小规模的公司，只需要一名专职人员即可，像安纳达口石油开采和加工公司的泰勒。但如果无人负责，知识管理就不可能持续。

推动知识管理的举措越大，越需要更多的、不同岗位的人参与，许多大型专业服务公司莫不如此。安达信(Andersen)会计师事务所拥有庞大的知识管理系统，双重备份信息库。安达信的顾问 W. 托德·赫斯金森(W. Todd Huskinson)表示,公司的知识管理之所以成功,原因之一是数百名员工参与其中,他们帮助项目经理从最新案例中汲取教训、编写信息并持续更新,甚至开设电话专线指引顾问善用知识管理系统。更有甚者,在项目结束的验收清单中,还包括诸如经验和教训是否已收录进信息库一类的问题。“因此,合伙人和管理人员必须签署‘是的,这个项目对公司的知识管理有所贡献’。”

知识管理无法在公司发挥有效
作用的首要原因是,
推崇者们不能将知识管理与
现实中的经营问题结合起来。

缺乏用户针对性

知识管理不是一招鲜吃遍天,相反,只有根据特定公司的需要定制特定的方案,知识管理才能发挥最大功效。例如,安永公司的 PowerPack 文件汇整系统,就是专为特定行业的顾问而设计;雪佛龙的项目资源组,是由特定领域的专家所组成的顾问团,专为资本密集型产品的管理人员出谋划策。狄克逊指出,知识传输系统的设计“越是想迎合公司里的所有人，其作用和功效就越有限”。

知识管理还需要从另一方面加强其针对性，即必须符合企业文化，美国生产力和质量理事会的一项研究表明，一个基本的要求是，“它必须与公司已有的核心价值观紧密联系起来”。以下面两个公司为例：

- 在 IBM 公司的 Lotus 开发公司，人们普遍意识到 Lotus 是在“创造”协作技术，因此，这里的员工不仅对 Lotus 数据库献计献策，还留意其他同人的独到见解。此外，Lotus 的企业文化是“宽容”，即项目在开始时无须十全十美，“员工可以尽情尝试新的设想，然后再对不当之处进行修正”。这些在知识共享的过程中处处可见。
- 福特公司强调的是避免冒险以及正确地做事。“由于福特的研发团队内部以及团队之间运用企业内部局域网来进行沟通和分享知识，所以高层管理人员可以看到原始文件、分析报告以及大家的讨论。而有机会看到原始文件而不是‘润色’报告，正是建立在福特的公司价值基础上——谨慎、完整而详细的分析”。

知识管理还是一个新兴领域，所以许多公司现在才开始推行，因而许多推行的公司陷入重重困境也就不足为奇了。尽管如此，这些公司还是可以向先驱者学习借鉴。奥德尔指出："那些对知识管理早已胸有成竹的公司，是通过尝试和摸索才累积了宝贵经验；而对那些刚入门的公司而言，只要善于撷取前人经验，就能够跨越障碍，进步神速。"

3. 能否提升知识型工作对知识型员工的影响力

3. 能否提升知识型工作对知识型员工的影响力

汤姆·达文波特

早在30多年前，彼得·德鲁克就曾断言："就像19世纪的一项伟大任务是使手工劳动产生出巨大的生产力一样，将知识转化为生产力将是20世纪的一项伟大工程。"尽管迄今为止我们尚未实现这一目标，我们仍有充分的理由继续努力。

知识型员工既难界定又不容易计数，但他们无疑是美国和其他发达国家劳动者的主要组成部分，或许占大多数。我对他们的定义是：具有高学历或专业技能，其工作主要是创造、传播或使用知识的人群。一些知识型员工在如何开展工作方面拥有较大的自由度和自主权，而另一些人的职责更为模式化。他们的工作包括研发、营销、工程、规划、客户服务和管理，都对创新和增长有举足轻重的作用。

以往以生产率为导向的项目，如流程再造和质量项目等，并未真正考虑到知识型员工。那么如何通过提高最具价值劳动力的生产速度和质量来发展经济?首先的一个关键是,必须指出哪些是可以有所不为的。

几年前,我所从事的一个项目最初着重于“知识工作流程的再造”,但“再造”一词在这里显然并不适用。研发部门和营销部门的管理人员虽然意识到改进流程的必要性,但他们对可能出现的自上而下的巨大变化心生畏惧。因此,无论对何种流程进行再造,最好将参与再造过程的工作人员包括进来,尤其是那些拥有自主权而又独立的知识型员工。另外,我和同事认识到,将整个流程分解成具体的任务流程图同样是无意义的,与我们交流过的知识型员工常常感觉到他们的工作很不具可预测性,也没有条理性,无法用流程图进行描绘。总而言之,传统的流程革新或改进手段几乎都无法实现。

一个典型的思维是认为技术能为知识工作的提高带来巨大潜力,但我注意到在过去几年中这已经发生了变化。在我开始着手研究知识工作的改进措施时,公司也刚刚开始打着“知识管理”的旗号建立知识库,他们兴致盎然地收集工作中运用的知识,并在全公司共享,同时将其融入关键流程中。许多公司建立了这样的知识库,但总体而言并不十分成功,尤其是在当今严酷的经济环境中,大部分知识型员工没有时间访问这些知识库,在数量浩瀚、质量参差不齐的文件中大海捞针。

技术的确对知识管理工作起着重要的作用,但需要与日常经营活动相结合并植根其中。其实,行之有效的方法似乎与当今全球化、虚拟化的趋势背道而驰。当我们问及戴姆勒·克莱斯勒公司知识管理的负责人,他们是如何在知识管理工作流程方面取得成功的,他们提到了一些粗浅的方法,如将所有参与汽车设计的工人集中到办公楼的同一区域。同样,丰田有一个"开放的大房间",所有与汽车制造有关的职能部门都可以在这里相互交流。埃克森石油公司在石油开采的投标中,采用了一种团队协作、齐头并进的工作方式,即地质学家、工程师和商业规划人员一起共同工作,抛弃了那种单兵作战、顺序进行的陈旧方式。

这些公司的知识管理负责人偶尔会提到一些简单的效率辅助工具,如电子邮件、数据库等,但从来不会有任何新奇的技术。

在后来的研究中我们日益清楚地发现,在公司中运用同一种方法来提高所有知识型员工的劳动生产率是不可能的,一项措施可能可以提高呼叫中心客户服务人员的劳动效率,但对于从事研究的科学工作者而言则是无的放矢。更重要的是,对于公司而言,知识工作的种类并不具有同等的重要性。

一项措施可能可以提高客户服务人员的劳动效率，但并不能适应科学家的工作需要。

因此，如果管理层希望提高劳动生产率，就需要将其知识型员工进行分类。他们首先需要确定公司中知识管理工作的种类，以及针对这些种类的最适当的措施。他们还需要确定知识管理工作中那些真正的“关键任务”种类，即那些劳动生产率的提高对于公司战略至关重要的知识管理工作种类。

图 1 展示了知识管理工作的一种分类方式（知识管理工作分类法）。在这种模式中，自成一体的学者、科学家、小事务所的律师可以归入“内行专家类人员”一类；呼叫中心服务人员、零售人员可归入“交易处理类人员”一类。在协作性较强的工作中，汽车设计工程师归入“集成整合类人员”一类；战略规划人员或投资银行家属于“协同作业类人员”。多元化经营的公司拥有全部四个种类，如果按照其他标准分类，这种公司拥有的种类甚至更多。

提高劳动生产率的关键是针对不同的工作种类采取相应的措施。对于交易处理类人员，常见的措施包括运用数据库和工作流程自动化工具将工作“脚本化”，例如，客户服务人员通常会被告知在各种情况下如何进行表述，如何回答各种可能的客户意见和问题，

图 1　知识管理工作分类法

独立程度	复杂程度：例行常规	复杂程度：阐释/判断
协作小组	**集成整合类人员** • 系统化、重复性工作 • 依靠正规的流程、方法或标准 • 需要不同职能部门之间的密切配合	**协同作业类人员** • 突发性的工作 • 高度依靠多个职能部门之间的专业技能 • 需要调度灵活的机动团队
独立个人	**交易处理类人员** • 常规性工作 • 依靠正式的规章、程序和训练 • 录用自主性和自由度低的工作人员	**内行专家类人员** • 判断性工作 • 依靠个人专业技能和经验 • 选用精英

由于工作的繁忙程度和及时回应客户的需要，没有时间在知识库中搜寻答案，因此信息资源的使用也就受到限制。

“脚本化”的手段无法适用于协同作业类人员，因为他们的工作涉及太多无法明确描述的不确定因素，对这类人员而言最合适的是能够拥有一系列工具，按需取用，每个人都可以组装这些工具和知识。

集成整合类人员需要模板和辅助工具才能轻松地利用现有的知识资产，如零部件的工程设计。大型汽车厂商如通用和福特发现，不能强迫工程师去利用这些资产，但如果方法得当，他们还是愿意尝试的。

最困难的是拟订适合内行专家类人员的措施，从历史上看他们拥有很大的自主权限，其工作没有既定的模式。他们非常注重工作质量，因此任何改进措施都必须有助于提高质量。

其实在这类工作领域的举措已经小有成就。哈佛联盟医疗体系由哈佛附属教学医院组成，它们运用的医嘱录入系统在病人护理过程增加了智能成分，同时保留了医师在用药、化验和转诊方面的决定权。该系统将药物不良事件减少了55%，在降低医疗差错成本的基础上提高了医师的效率和病人护理质量。联盟医疗体系的成功在于它将工作重点集中于病人护理中最重要的角色——医师身上。

长久以来，公司在寻求提高劳动生产率的过程中忽略了知识管理工作，这个庞大的群体对于当前公司的成功具有不容忽视的重要意义。将知识型员工进行分类并配以相应的措施，我们将开启后工业时代的一次革命。

4. 智力资本对于困境企业的意义

4. 智力资本对于困境企业的意义

马蒂森·克罗

智力资本还只是一个重要的概念，或者是刚刚开始由抽象到具体的一个范式，但近来它已掀起了如潮的评论，并注定会变得更加重要（盛行的观点认为它是21世纪唯一最有价值的公司资产）。尽管如此，对智力资本的界定仍然比较模糊。下面将以轻松的问答形式对其基本含义进行概述。

何谓智力资本

安永咨询公司的拉里·布鲁萨克(Larry Prusak)对智力资本下的定义是："智力资本是已掌握的、正规化的、可利用的智力要素，用来生产更高价值的资产。"例如，当年的网景公司凭自身的实力，将程序员提出的概念转化为数千行的编码，经过了开发、测试、修正，最终推出了网络浏览器。智力资本不仅仅是最终产品，它还包括了全部的知识以及一种有效的组织结构，这种结构可以使知识的拥有者将产品推向市场，取得超越竞争对手的良好收益，并且在下一次使用时提高使用效率。

人类智力的使用可以描述成将“所知”沿以下路径进行转化：

数据 → 信息 → 知识 → 智慧

相应的，智力资本的发展与生产过程类似，即将原材料加工成制成品。智力资本的管理，是从不同地方获取信息，在沿价值链运行过程中添加新的价值，直至可能达到的价值最高点。智力资本的管理能力将变得日益重要，正如彼得·德鲁克告诫我们的，“知识就是力量，所以在过去拥有知识的人常常秘而不宣。而在后资本主义时代，知识的力量不再属于其私藏者，而是通过传输来产生生产力。”

智力资本价值几何

这是一个复杂的问题。你应该知道当有一个公认或标准的方法来评估公司智力资本的价值时，那么共识的形成意味着该范式已经固化成型。但迄今为止，传统的财务报告不能涵盖这一问题，因此我们只能进行推测。根据查尔斯·汉迪估算，智力资本的价值应是公司有形资产账面价值的3～4倍，其他的估价比这个数字更高。

如果我打算构建本公司的智力资本，应该注意些什么问题

答案就是公司的经营战略。如果你不确定某项事物对你是否有利，何苦费事寻觅？因此，一开始制订计划时，就应该洞悉知识将如何推动公司业务更上一层楼。麦肯锡公司的顾问布鲁克·曼维尔（Brook Manville）和纳撒尼尔·富特（Nathaniel Foote）在《快速公司》（*Fast Company*）杂志的一篇文章中指出，"公司必须清楚地知道它提供的东西具有何种价值，它的客户是谁。只有这样才能将知识资源结合起来成为与众不同的公司：以协调一致的方式服务于全球客户，迅速有效地应对竞争环境的变化，更加快捷、价廉、高效、创新地为客户提供产品和服务。"

运用何种手段来衡量智力资本这一捉摸不定的商品

与其他前沿领域一样，大多数为智力资本绘制的

基础路线图是不可靠的。斯堪的亚保险和金融服务(Skandia Assurance and Financial Services)公司的副总裁、智力资本总监利夫·艾德文森(Leif Edvinsson)和迈克尔·马龙(Michael Malone)共同开发了一个报告模型,可以跟踪财务、客户、流程、更新和发展以及人力资源五个大类中的35个指标,这些指标有的简单而直观(如市场占有率),有的则含混不清(如授权指标)。艾德文森和马龙希望他们的这一报告模型能够得到认可,并最终能作为附录补充进公司的年度报告。

然而,智力资本这一课题的研究人员很快发现,尽管费尽心力,任何将智力资本这一捉摸不定的资产进行量化的新方法都是不完善的。以艾德文森和马龙的模型为例,虽然从其报告的范围来看已然详尽,但是却未能指出哪些是最关键的指标。那么是否可以等到公认会计准则推出有关智力资本的规范呢?恐怕不行。

那么我们的研究该从何处着手?可以这样来考虑,智力资本由三个部分组成:人力资本、组织资本和客户资本。下面将较为详细地对这三部分构成进行解释,但需要记住的一点是,这三个组成部分不能单独运作甚至存在,只有相互作用才能创造价值。

何谓人力资本

在我们的父辈那一代，员工们下午五点下班回家，但在快节奏的软件公司，他们可能会彻夜工作。新的现实是，在新世纪要想在竞争中胜出，就需要更好地发挥公司集体智慧的潜力。公司希望开发和培育什么样的人力资本，在制定有关方案时，必须战略先行，并考察在职员工，鉴别他们的何种技能对公司经营有所贡献。

《智力资本：组织的新财富》(*Intellectual Capital: The New Wealth of Organizations*)一书的作者汤姆·斯图尔特(Tom Stewart)建议，应该将公司资源集中于那些拥有“自主技能”的员工，自主技能指的是员工拥有的能为公司带来业务的独特才能。IDEO是首屈一指的工业品设计公司，依靠其设计师的才干，该公司产品的定价能够高于其竞争对手，这就是竞争优势产生和能够持续的原因所在。公司的丰富资源应该服务于公司关键人员，你可以问自己一个非正式的问题：“如果某人明天辞职，接替他的人是否容易找到？对公司的影响如何？”

何谓组织资本

如果将公司想象成一个人,人力资本代表这个人的头脑,那么组织资本就代表这个人的身躯,即可以将观点体现出来的部分。在"智力资本"这个新兴的范畴中,组织资本的意义在于,在人力资本和客户资本之间承上启下,并通过组织进一步强化它们,掌握知识以使股东能够长期地"拥有"知识。组织资本的例子包括:

- 数据库、报告、手册;
- 信息系统(企业内部互联网和其中最诱人的组件);
- 拥有法律保护的知识产权(专利、版权、商标、商业机密等);
- 组织目标及其战略;
- 按个人责任和义务区分的正式组织中的层级;
- 支配人们行为规范的集体信仰、观念、历史、神话、价值、思想境界,即文化。

对于大多数组织而言,组织资本是通过一种"知识转化"流程演进而来的,这一流程在野中郁次郎(Ikujiro Nonaka)和竹内弘高(Hirotaka Takeuchi)所著的《知识创造公司》(*The Knowledge Creating Company*)一书中提出。知识转化意味着将隐性知识转化为显性知识(这样才能检验),然后再回转为隐性知识(这样才能迅速运用)。智力资本的这种流转能够保证知识的一致性,并得以掌握和利用以实现其最大价值。

何谓客户资本

至此,我们的公司已经拥有了头脑和身躯,还需要什么?客户资本代表了这个头脑和身躯活动的环境,它指该组织的关系和网络,在智力资本的三个部分中,它是最难以理解的一个部分。客户资本可以视为由以下内容构成:

- 客户
- 供应商
- 销售渠道
- 行业协会和贸易组织
- 政府政策制定者

客户资本包括了以上这些团体所拥有的关于公司的所有数据、观点和价值评价。衡量公司在管理客户资本方面的优劣,可采用市场占有率、客户保有率、每个客户获利能力等指标。

在智力资本的研究中有一个有趣的发现，知识随着时间的推进逐渐在市场生根（试想与第一台苹果机或 Kaypros 的时候相比，现今有多少用户了解了个人电脑）。这类知识的发展趋势是，其数量增长推动它更快速地流向客户。这只不过再次提醒大家，客户对于公司的成败具有最终决定权，而现在他们比过去更为了解自己的选择。研究客户资本的专家进一步指出，市场越成熟，生根的知识就会逐渐起到潜移默化的作用。要想摸清市场脉搏，公司就应该更频繁、更深入地与市场联系。

度量、掌握和开发智力资本，最有效工具是什么

我们将讨论五个工具。记住，运用每个工具的目的是为人们建立相互协作的网络，而不是为技术建立相互联结的网络。除非这些工具在服务客户方面具有的价值可以论证，否则人们不会使用它们。

胜任力示意图

员工可以参考胜任力示意图，了解他们需要何种技能和品行才能顺利完成现有工作，并继续未来的职

业发展道路。胜任力示意图的设计旨在替代传统培训的工具，由加拿大帝国商业银行（Canadian Imperial Bank of Commerce）学习组织和领导力发展部的副总裁休伯特·圣东日（Hubert Saint-Onge）率先使用，其胜任力示意图是根据对银行客户预期的调查而得来的，银行员工收到有关技能的描述，通过获得或增强这些技能，他们能够在职业道路上走得更远。

加拿大帝国商业银行随后废止了正规的培训，同时，管理人员被告知，需要一些员工暂时为另一些更为专业的同事替班。银行的每个分行都设立了"自习室"，员工可以在此借阅图书和软件；员工还可以选修课程。这个新方式与传统培训的主要区别在于，它基于员工个人的抱负，其效果是靠兴趣引发的知识提升，而不是单纯的信息填鸭，因此只有当员工感到最有必要的时候才会及时学习，能够获得最大的收获。

同业社团

在过去你可能找不到正式名称来称呼这样的人群：他们平时没有活动，仅是每月举行两次轻便午餐会议，讨论诸如订单处理系统一类的问题。同业社团又被称为"工作网络"，布鲁克·曼维尔称其为"一群拥有非正式联系的专业人士，由于他们面对共同的一类问题，寻求共同的解决途径，因此他们本身就拥有知识的储备”。

作为建立人力资本最热门、最模糊的方法，如果操作得当，同业社团可以创造并传播知识。群体成员应该包括来自不同部门、不同职能甚至不同组织的人员，他们吸取社团内部的经验教训并以一种低调的方式传播知识。这些团体是自发形成的，也不需要太多公司的正规资源，因此你应该鼓励它们，并且不要试图将它们的活动正规化或期望每次活动都有成果。高素质的员工都希望有这样一种互动的自由空间，这样他们跳槽的可能性也会降低。

公司黄页

利夫·艾德文森曾哀叹，“虽然电子邮件和互联网等技术促进了知识的快速传播，但是它们无助于甄别知识以及知识的拥有者。”对付这一问题的一个办法是，按照问题所涉及的领域将公司内部专家编录成册，这样就将为查找权威而进行的烦闷工作转化成一个高速度的流程，并且有助于公司将人力资本汇聚成“库”，避免重复浪费搜寻信息。

经验教训数据库

没有哪一家公司可以做到万无一失。几乎每个项目，无论其结果如何，都会得出某些可借鉴的经验教训，从而对公司其他人有所帮助。编制数据库将主要经验归档以备今后参考，这便将隐性知识转化为显性档案，每个人都可以查阅。你可以询问公司的信息技术人员是否可以创建一个系统，按照主题或项目类型，将成功和失败的解决方案都进行归类，这种系统可以简单到仅仅是一个现成案例的数据库或组件程序，但你可以通过一些规定来增强其效能，例如，作为正规报告流程的组成部分，要求每个项目或每笔销售都必须录入数据库等。

知识论坛

如果说公司黄页和经验教训数据库反映的是知识的“存量”概念，那么知识论坛就更类似于知识的“流量”概念，它为公司全部人力资本和客户资本的互动提供了一个虚拟空间。特种化学用品生产商巴克曼国际试验(Buckman Laboratories International)公司就建立了这样一个系统，将公司的通讯网络放置于 Compuserve 信息系统上，这样可以创建公司内部使用的私人公告板，员工可以通过电话联系公司的其他人，并可以从全球任何地方联系总部。

知识论坛如果与同业社团结合使用，则可以将许多时间和地理上的障碍消弭于无形。你甚至可以在获取竞争对手宝贵的竞争情报时，将客户和供应商介绍到海外。知识论坛的参与者越多，其功能就越强大，而这正是智力资本发展壮大的方式。

5. 当团队中的最优秀人才离职时，是否会同时带走他们的知识

5. 当团队中的最优秀人才离职时，是否会同时带走他们的知识

戴维·博思，戴维·Y. 史密斯

尽管首席执行官们经常谈到他们最重要的资源是每晚走出大门回家的员工，但是没有哪个领导能够充分防备某一天公司的关键员工会走出大门另谋高就，在经济回升周期，这一天会比许多公司所承认的来得更快。更有甚者，随着劳动力的老化以及所有年龄段的员工都变得越来越不稳定，许多公司不得不面对持续的、无法挽回的知识、经验和智慧的流失，而这些都是竞争力和赢利能力的根本来源。

不要失去你的员工，他们是强大知识体系的载体。

换言之，这些公司必须开始实施保留和建立强大知识体系的战略计划，而知识体系的载体就是员工。

因此该计划应具备以下目标：

- 帮助员工掌握和传播知识，包括自己及同事的知识；
- 支持跨越时间和空间的协作；
- 提供学习和提高业绩的机会，以便最有效地工作；
- 建立能够实现有效的职业发展和业务连续性计划的组织结构。

知识的流失及其对劳动生产率和业绩的影响使问题更加错综复杂，因此一个或单一的办法不能解决所有问题，公司需要有整套的战略、方法和技术，并应该遵循下列步骤：

确定公司最濒危的知识，并建立管理制度

公司首先必须确定信息和经验的流失将给它们带来的最大危险在哪里，这部分涉及绩效管理和职业发展制度的建立，因为这些制度本身可以确定员工中拥有最关键知识的人。

例如，戴维·W. 德龙（David W. De Long）和汤姆斯·O. 曼（Thomas O. Mann）在《展望》（*Outlook Journal*）期刊“堵住智力流失”（Stemming the Brain Drain）

一文中指出，“9•11 后航空运输大幅下滑”，德尔塔航空(Delta AirLines)公司需要进行裁员以维持其竞争力，“当 11 000 名员工同意提前退休或接受解聘时，公司只有不足两个月的时间来确定哪些职员的工作没有培训后备或替补人员，然后要在这些职员离开前掌握他们所拥有的知识。各级主管与德尔塔学习服务部的特别小组通力合作，从 11 000 名职员中甄别出经验丰富的行家，他们的离开将意味着‘关键岗位的损失’。一旦确定了这些表现突出的职员，有关负责人便与他们详谈他们在公司的作用。通过这一手段，德尔塔航空公司在极短的时间内尽可能多地保留住了公司至关重要的知识”。

制订更具针对性的职业发展规划和业务连续性计划

职业发展规划将为专业人士积累知识，以备未来工作所需。例如，惠氏(Wyeth)公司近来发明的新药物数量增加了四倍，因此公司认识到在 6 000 名研究开发人员中，150 名临床研究小组的负责人成了关键工作的关键。

为了留住这些日益重要的负责人并使他们在职业上进一步发展，惠氏开发了独特的职业晋级方案，在每一个职业级别都规定了一整套必须具备的关键技能以及所要求达到的熟练程度。公司按照这些技能对临床小组负责人进行考核，并为每个人制订发展计划，指出需要改进和发扬光大之处。惠氏还为进一步增强临床小组负责人的知识提供各种工具，并建立了协作论坛，以便持之以恒地学习和分享最佳实践。

另外，为确保惠氏在试验管理中所获得的专有技术能够进一步发展，临床小组负责人参加了所谓的"性能小组"，他们指出流程变化和培训需求，并且成为新的、集中化组织的一部分，该组织专为试验管理而设立。

建立知识社团

在许多公司，"专家"完全把持着知识，他们离开时也将知识带走。如果运用正确的协作手段，便可以得到专家所拥有的信息和见解，并围绕他们形成一个社团，将专家知识转化为社团知识。比较顺畅的方法之一是将公司主要专家的即时通信（IM）对话保留并存档，这些对话往往富于见解，一般来讲一旦从电脑屏幕上消失就销声匿迹。但现在新的手段可以截取这些对话，消失后也可以重新取回，从而保证了通过即时通信传输的知识仍然留在公司内部。

企业知识的流失是一个系统性的难题，
覆盖了就业的整个生命周期。

运用较为先进的电子学习法，尤其是实战模拟技术

电子学习法使员工培训方法发生了革命性的改变。过去有一种狭隘看法，认为只有在“正式”组织的课堂式的环境里培训才能称为学习，电子学习法将公司从这种认识中解放出来，它使高质量的培训内容在传播过程中保持一致，将以求学者为主导的、随时随地的学习变为可能。

尤其值得一提的是实战模拟，它已被证实是一种高效的学习手段。学习者在仿真的环境中完成任务，并按事先制定的规则进行反馈和修正，学习者可从中获得启示、评估和指导意见。学习者在模拟中能够接触到专家的“实战经验”和观点、特定的参考资料、行业的最佳实践等，并且可以学以致用，运用所学知识进行实践活动，顺利完成任务。学习者可以在作好学习准备之时，也就是说在不断摸索和尝试之时，利用所有学习资料。

例如，西门子为了增强其赢利能力，更迅速地应对

变化，要求其全球员工使用相同的财务术语，公司为10 000名财务和业务骨干设计了一个48小时的模拟体验，它将技术和团队行为结合在一起，模拟出单一产品、活动范围限制在国内市场的公司发展成为全球性工业企业时所面对的复杂商业决策，这个演习可以让参与者练习财务分析员、财务经理、项目管理人的角色。在业务回顾会议上，参与者们分成小组完成案例分析，总结前一次模拟练习的经验。这项模拟的结果是，参训员工得到了双重收获，不仅更深入地理解了使用相同财务术语的迫切性，还更牢固地掌握了术语本身。

应对"人才流失"

企业知识的流失是一个系统性的难题，覆盖了就业的整个生命周期，包括招聘、雇用、履行职责、留用和退休。公司可能尝试过许多未经整合的方法来解决这个难题，其中一些方法具有一定价值，如指导计划、知识数据库、返聘退休人员为合同工等，但大多数方法仅仅是治标而已。综合性问题需要综合性的配套解决方案。

为确保公司能够保留其维持竞争力所必需的专有技术，公司应该采取如下措施：

- 员工规划和组织结构设计，保证拥有适当的结构和流程来支持职业发展、甄别最重要的人才、制订业务连续性计划等；
- 使用公司网站和企业资源管理方案，以实现劳动力的支持和协作；
- 学习计划的设计和执行，强调学习的随时随地性，以及实战模拟中发现的高效的解决方案。

第二部分

团队的知识管理

在团队、部门或板块内部，如何进行最佳的知识管理？本部分收录的文章提供了有效的建议和手段，包括鼓励员工分享其知识管理的措施、选择知识管理流程、搜集竞争对手的情报、保证团队的知识型员工能够获得为公司创造价值所需要的支持和资源。

1. 知识管理 四个实用步骤

1. 知识管理
——四个实用步骤

黛安娜·麦克　费林·彼得斯

绝大多数公司低估了诸如知识、创造力、创意和关系这些无形资产的重要性。在日常经济中，上述因素蕴含着比有形资产更多的价值。但是对公司而言，要切实掌握无形资产是困难的，因此公司对无形资产的保护并不如对厂房、硬件等有形资产那样细致。试想，如果你手下最有能力的员工突然离职，你会做什么？你如何可以保证一个部门所获得的经验能够在公司广泛共享？

设计知识管理的规则，其目的就在于回答诸如此类的问题。然而在许多公司，知识管理仅限于专利和其他与创意的所有权有关的问题。如果公司意欲开发和使用自己的无形资产，知识管理还必须包括其他内容：确保公司能够孕育和共享新的创意、能够集中公司员工的智慧用于处理重要事务。从事知识管理并非是公司首席执行官的专利，公司每个部门、板块和营业地点都可以进行知识管理。

首先，我推荐如下四个实用的步骤：

创造一种知识共享的环境

知识的利用会滋生更多知识，最好的知识管理机制应该使每个人都参与其中。我曾在一家旅游服务公司罗森柏斯国际（Rosenbluth International）公司担任首席通信官，公司有个公开会议制度，即除了极少数例外情况，员工有权参加任何会议。会议信息每日公告以方便员工出席，其结果是部门之间知识和创意互生互长，共享也变得更为迅速。在人力资源咨询公司翰威特（Hewitt Associates）咨询公司，知识管理的模式同时具备象征和实际的意义。所有的会议室都放置圆桌，这样就没人能坐在首席并主导讨论了；没人据有高级办公室，并且大家都没头衔；每个员工都可以进入Lotus Notes数据库，同事之间可以横跨不同业务、办公室、地域边界共享交流知识信息。

清除交流“过滤器”

在传统交流渠道中，由于受政治因素、权势以及责任的影响，人们沟通的观点是经过“过滤”的。跳出这种渠道——例如允许员工越级沟通——可以获得关于怎样改进工作的更多想法。天然气公司泰龙（Alagasco）设置了一条直通首席执行官麦克·沃伦（Mike Warren）的联系方式——邮寄卡片，全公司的员工都可以在卡片上写下问题和观点，并且无须签名；罗森布鲁斯公司有一条直通首席执行官霍尔·罗森布鲁斯（Hul Rosenbluth）的免费热线电话；保险和金融服务巨头联合汽车服务协会（USAA）有一个在线系统，雇员能够在网上自发、匿名地交流意见和观点。

排列任务的优先顺序

大多数公司的任务清单中包含的目标两倍于它们实际能力所能达到的。如果能排出一个任务的优先顺序，就可以将公司的智慧和努力配置在真正具有战略意义的任务上。高层领导共同将所有重大的事务从头到尾排出先后顺序，不能有并列项目，这一过程让人们对长周期项目价值的各种假设提出质询、交流即将完工项目的相关知识信息、打破封锁观点和创意的部门壁垒。如果某个任务排在第一位，那么每位员工都必须为其成功献策献力。

安排时间预算

能够真正说清楚其时间和精力到底用在了什么地方的人极少，组织机构就更少。不妨做个实验，让每个员工将其活动按 15 分钟的间隔记录下来，几天后，主管们把本部门实际的时间使用情况写成“时间预算”上交。看一下汇总后公司的总体情况，这样可以让你眼界大开。你会发现一些事务应该马上终止，而另一些工作则可以进行梳理改进。最重要的是，你可以检查日常工作是否反映了你的战略优先顺序。有效的知识管理要求人们在开发、使用和共享知识方面投入时间，你可以通过“时间预算”来观察员工是否真的这么做了。

毕加索在他家里收藏了一批艺术精品，这些作品挂得都有一些轻微的歪扭，参观者总是情不自禁想将它们扶正。但毕加索认为，如果这些画悬挂周正，参观者就会把注意力放在环绕于外的画框上；而如果画装得歪扭，画中之美就会跃然而出。对于知识也是一样的道理，我们不能用界限将知识限制起来，必须让它跳出这些条条框框。

2. 管理知识 如何运用知识赚钱

2. 管理知识

——如何运用知识赚钱

丽贝卡·M. 桑德斯

每天，对你生意至关重要的知识“走”出你的大门，很多永不再回来：员工跳槽、客户来了又走——他们的知识和他们的人一起离去。这种信息外流会徒耗你的时间、金钱和客户。

你需要一个知识管理体系，若能成功运转，可以帮助你更好地理解客户、更快地将产品推向市场或使企业运营更为顺利。

当然这不是什么新观点，然而很少有公司能够建立成功的知识管理体系，创立就非常难——而要保持有效运转就更难。

那么创建一个知识管理体系需要哪些条件呢？我们先看看在知识管理方面取得重大成就的企业是怎么做的。

对知识管理体系进行价值定位

你必须明确通过知识管理体系希望达成什么目的。绝大多数的知识管理无非有以下三种目标：增进与客户的亲密度、产品更快推向市场、优秀的经营成绩。例如在高科技行业，产品上市时间往往是供应商之间关键的差异因素，所以这是这些企业知识管理的关注焦点。另一方面，对于那些经营重点不在产品推陈出新的企业——如雪佛龙公司，其知识管理体系的目标就放在经营业绩上。

选择适当的流程

绝大多数知识管理可以分为以下三种类型：

自我导向型

公司提供数据库技术，员工使用数据库寻找所需要的信息。其工具可以包括一个指示系统，引导使用者找到一位专家，甚至是一个搜索引擎。这些数据库有赖于用户的主动性，在捕捉显性信息方面，它们是出色的、低成本的系统，但它们无法掌握员工脑中的隐性知识。

知识网络型

咨询公司尤其广泛地使用知识网络。例如指标咨询(Index Consulting)公司在商业再造领域有着首屈一指的地位，它尽可能掌握从再造项目中获取的知识，以便更容易地应对接踵而来的下一个再造项目。像指标咨询这样的公司发现，员工很喜欢利用网络获取信息，但对于花费大量时间来更新网上信息却不太主动。

推动传播型

这是一种全方位服务的方式。除了拥有前述两种类型的特点外，它还包括了安排专人兼职或全职进行知识管理，整合最佳实践经验或在全公司范围内鼓励知识传播。主导人员会用最佳实践解决商业上的困境，以此方式为企业经营提供帮助，他们也向别人展示如何参与知识共享和交流。采用这种全面推动型知识管理的企业包括了得州仪器、阿莫科(Amoco)和雷神(Raytheon)。

运用"学习史料"

公司拥有两种类型的知识。第一种是显性的或者外部的,由对流程和步骤的认识组成,包括书本、文件、制度和流程手册以及数据库等。技术工具在编制这些重要知识以及提供开放的接口方面非常有用。另一种类型的经验知识比较难以编制成文,它存在于企业所有员工、客户和供应商的脑子里,是组织机构记忆的一部分,组织知识学专家、加州大学伯克利分校哈斯商学院客座教授野中郁次郎定义将其定义为"隐性知识"。

亚瑟·克莱纳(Arthur Kleiner)与乔治·罗思(George Roth)合著的《汽车问世:变革管理中的人力方面》(*Car Launch: The Human Side of Managing Change*),重点讨论了"学习史料",也就是通过讲故事来传授企业的隐性知识,否则这些隐性知识终将失传。克莱纳将运用"学习史料"的方法描述为"借电启动团队"和"帮助那些不懂得如何从下层获取知识的高管"。他们将故事传授知识的手段规范化了,将员工组成学习小组,让他们彼此讲授自己开发项目的故事,交流成功经验和失败教训。"学习史料最大的好处是可以让企业更认真地考虑学习机制,将集体的经验解读并达成共同的认识,进而发展成企业的记忆。"

寻找并任用合适的员工

推动知识管理的人一般来自企业内部:他们可能是内部咨询人员、变革领导者、团队领导人或者标杆管理协调人。比尔·巴克(Bill Baker)是雷神公司的“标杆管理和知识移转能手”,他介绍说雷神公司要求其管理人员选定应该参与知识管理的员工。为了保持均衡,公司选取的人是从各个业务领域、不同地域选择的。

确保技术能够支持你的数据库

能够支持知识管理体系中信息技术部分的软件程序有很多。巴克告诉我们,雷神公司要求的软件是可以使不同领域的员工广泛适用,因此它选取了 Lotus Notes 系统。来自全公司的信息团队成员在系统中扮演了知识编辑者的角色,增加关键字,并对原始资料进行再加工,使得信息内容更容易被搜索。Lotus Notes 知识库可以通过雷神公司的内部互联网进入,员工可以通过一个标准化图书馆以及最佳实践知识库搜索所要的信息,也可以将自己的最佳实践上传。

投资培训知识型员工

数据捕捉和数据共享技术非常重要,但它们只是知识管理的一部分,员工需要一个系统让信息流动起来。一个例证是,报社给记者提供信息管理技术,帮助记者在报道中避免重复劳动。“新闻记者每天跑新闻,及时创造出知识产品,不能滞后也不能错漏,这必须依靠团队协同。”咨询顾问兼作家埃米·朱克曼(Amy Znckerman)如是说。企业员工也要用同样方法进行培训以实施知识管理系统。在企业世界里,如朱克曼所言:“对信息技术的投资毫不犹豫,但对个人技能的培养却捉襟见肘,原因就在于管理层认为知识管理系统完全是技术活儿。”雷神公司的巴克同意这一点:“推动知识管理的人需要特定的技能,在捕捉和传播信息方面必须加以训练。”

员工们需要学会如何描绘和解释清楚流程,同时在向其他人咨询有关最佳实践经验时,要学会用最适当的提问方式,例如,问“为什么”通常是不合适的,因为这会让被提问者产生防备的心理。

专注于公司战略

在雪佛龙公司，企业知识管理战略的中心主题是“联结”。内部咨询顾问杰夫·思戴姆克（Jeff Stemke）自称为“知识管理传道士”，他在知识管理中采用四种不同的联结模式。“我们用类似于雅虎那样图形或门户搜索工具，把员工和公司拥有的显性知识——如在企业内部互联网上的知识——联结起来。我们运用黄页或专家定位器一类的工具，将员工和那些能帮他们回答和解决问题的人联结起来。我们把员工和同业社团联结起来，方便他们共享知识、互相学习，并启发新的知识。这就是在过去几年里我们和最佳实践团队一起做的事情，并且逐渐把它变成了一项日常工作。最终，我们要寻找途径，把我们的知识和员工融合进企业的工作流程、提供的产品和服务中去。”

以下是一些建议：

获得高层管理者的认可

知识管理需要长期的努力，这就意味着，如巴克所说的，“你需要承诺——来自高层管理者的信任”。如果你没有得到高管的认可，“你将无法得到完成知识管理工作所必要的资源、人才和工具，或者无力改变企业文化，也就没法让员工实现知识共享”。

集中精力解决关键问题

在知识管理过程中，思戴姆克建议，要保证长期成功，你需要把精力集中在对公司而言最重要的问题上。“对于雪佛龙而言，最关键的驱动力是有效降低成本。”所以，首先就要花工夫搞清企业的关键流程、产品和服务是什么，要让这些变得更有效率，什么样的知识是必需的。

教会员工共享他们的知识

在知识交流过程中，最难的问题就是要让员工心甘情愿、开诚布公地共享知识。巴克介绍说，雷神公司为此安排专人负责推动知识共享过程，“我们必须加入其中，并促使员工分享他们的专有知识”。

把知识管理看成赛跑

在雷神公司的知识赛跑中需要跑三圈，第一圈是捕捉知识；第二圈是解释知识；第三圈是传播知识。巴克说道：“整个赛跑就看速度快慢，我们必须在这场比赛中赢得胜利。”

效果评估

根据《假如我们明白自己所知道的一切》(*If Only We Knew What We Know*)一书作者卡拉·奥德尔和C.小杰克逊·格雷森(C. Jackson Grayson Jr.)的观点，在知识传播方面，效果评估是发展最为滞后的一个领域。效果评估的领域有两大阵营:“培育派”认为，在弄清知识的产生和分享机制之前，就先搞效果评估是本末倒置，会让你犯错误；而“数量派”则认为，效果评估对于“决定投资方向和时间”极为重要。雪佛龙公司则属于后者，从20世纪90年代初期以来，它一直在发展和推广最佳实践经验，并让自己的几个数量指标都得到了改进。雪佛龙公司的杰夫·思戴姆克指出，公司的运营成本年均下降了20亿美元。他认为虽然不能完全归因于知识管理，“但最佳实践的创新发展是极其重要的方面。能源消耗是最佳实践关注的领域之一，我们过去七年里在这方面节省了10多亿美元，另外我们的安全记录也显示事故和伤害下降了50%”。根据奥德尔和格雷森的观点，其他公司虽然在有形收益方面没有那么明显的效果，但他们感觉在客户关系领域获益良多。

3. 加布里埃尔·舒兰斯基访谈录　促进最佳实践的推广

3. 加布里埃尔·舒兰斯基访谈录

——促进最佳实践的推广

劳伦·凯勒·约翰逊

听上去似乎都很简单：你公司中A部门的员工在产品设计方面才高八斗，你希望把他们的才能复制到B部门、C部门和D部门。但当你试图将这种最佳实践经验进行移转时，却达不到预期效果。B部门的员工被证明没法运用A部门的经验；C部门的人使用时畏手畏脚；D部门的员工勇敢地进行了尝试，但实际效果和A部门相比则黯然失色。在饱受挫折之后，你终于决定放弃努力。

可以让你感到稍许安慰的是，你的例子并非绝无仅有。根据《黏滞的知识：公司中的知识壁垒》(*Sticky Knowledge: Barriers to Knowing in the Firm*)一书作者、欧洲工商管理学院战略管理学副教授加布里埃尔·舒兰斯基(Gabriel Szulanski)的经验，尽管绝大多数企业拥有丰富的“在自己地盘上独领风骚”的绝活，但在推广它们的最佳实践经验时都遇到了巨大困难。由于无法利用现有的知识，企业内类似部门之间的业绩差距可以达到200%或以上——这种差距要以数百万美元计。

管理者如何才可以使公司的现有知识少一点“黏滞”，从而缩小各部门间的业绩差距，赚取唾手可得的财务收益？舒兰斯基认为，企业必须认识到管理内部知识的交流存在独特的挑战，管理者的眼光要看得更远一些，不能局限于一些传统的激励问题——例如，“提供经验”的员工因为害怕失业而不愿意分享信息，或者“接受经验”的员工不愿意改变。舒兰斯基说，管理者必须注意到七个“知识壁垒”，他将其分为四类：

知识本身的因素

1. 因果关系不明确：我们无法完全确认优秀业绩背后的真实原因是什么，也不知道这些因素在别的部门如何相互影响。

2. 知识的效用未经证实：当试图推广一种最新出来的最佳实践时，我们不敢确信这种经验在新环境下仍然是有效的。

知识提供者的因素

3. 缺乏可信度：业绩优秀的部门员工不为公司其

他部门认可，不认为他们知识渊博或值得信赖。

知识接受者的因素

4. **缺乏吸收知识的能力**：人们没有认识到新知识的价值，他们甚至缺乏将新知识用于工作中的技术、共同语言和经验。

5. **缺乏保留知识的能力**：员工不能将学到的知识在工作中充分运用。

文化上的因素

6. **"土壤贫瘠"**：公司缺乏能够使员工认识和把握机会去利用现有知识的体系和组织结构。

7. **提供者和接受者之间缺乏"亲密"关系**：来自不同部门的员工没有积极沟通和协作的历史。

让知识更便于传播

根据舒兰斯基的研究，三种最严峻的知识壁垒是因果关系不明确、知识接受者缺乏吸收能力以及知识提供者和接受者之间缺乏亲密关系。虽然我们无法完全澄清因果关系不明确这个问题，但舒兰斯基认为我们可以深入研究以发现成功经验背后的真正原因。"在一些公司里，可效仿的流程已存在 20 年以上，"他说道,“你应该去问员工为什么他们可以成功,又是如何成功的。根据你对这些成功经验的认识水平,问一下你自己,‘将这些成功经验运用到其他部门能获得什么样的潜在收益?要在接受部门产生同样或者更好的效果要花多长时间?’所有的知识壁垒都需要花时间去克服,所以你必须权衡利弊。”

克服吸收能力障碍的问题看上去更简单一些。事实上,舒兰斯基观察到许多公司为了克服这个“黏滞预告器”采取了协调一致的行动,主要的策略包括加大培训和教育的投资力度,以保证知识接受单位的员工拥有吸收新知识的技能、技术和管理才能。除此之外,管理者也需要与员工交流公司通过知识转移所能够达到的目标。最后,为了提高吸收知识的能力,接受者必须掌握基本的术语才能探讨所接受的新知识,同时必须清晰地界定自己的作用和责任。如果培训和教育仍然不能产生效果,那么舒兰斯基建议:“管理层应该雇用具备相应知识吸收能力的新员工。”

针对知识提供者和接受者之间缺乏亲密关系的问题,舒兰斯基建议企业想尽办法构造员工之间的紧密纽带,他指出,“在亲密的人际关系中,人们感觉自己是这些纽带中的一分子,他们享受交往的乐趣,合作更迅速,创造出更高的生产力,并且彼此之间响应更为积极。这些对最佳实践的推广而言都是至关重要的——因为知识提供者和接受者之间在长时间内反复交流互动。”

为了构筑紧密的人际关系，你不妨放松人员旅行和沟通的限制，给相关群体寻找团队合作的机会。舒兰斯基介绍说：“当惠普公司想把设计工作由美国转移到新加坡时，公司给两个部门的工程师们提供了一个机会，让他们在一个相当恶劣的环境里共处了一段时间。他们在落基山脉艰苦跋涉，但他们建立起最牢固友谊的契机当属一起吃墨西哥餐的时候，当你和将要成为你队友的人一起被红辣椒折磨的时候，你们之间的牢固纽带很快就建立起来了。”

选择时机的重要性

舒兰斯基也建议管理者注意区分最佳实践推广的四个阶段：

1. 初始阶段：认识到一个推广经验知识的机会，并行动起来。

2. 实施阶段：在经验的提供者和接受者之间交流信息和资源。

3. 磨合阶段：接受者开始运用获取的经验知识，并对其中出现的意外问题进行调整。

4. 整合阶段：把获取的经验知识正式用于自己的日常工作。

“在不同阶段,不同的知识壁垒的严重程度是不一样的。”舒兰斯基说道。例如,“知识提供者的信赖度问题、知识未经证实的问题以及因果关系不明确等在初始阶段是比较重要的问题,而吸收能力问题则在实施、磨合和整合阶段成为突出的焦点”。同样重要的是,“解决知识壁垒的问题是越早越好——因为它们都需要花时间。如果你等待太长的时间才去应付它们,那么你可能已经离一个代价昂贵的错误为期不远了”。

舒兰斯基的研究还深入分析了每个阶段的激励障碍问题,他的发现揭示了一些令人惊异的复杂问题。例如,他发现一个知识接受者非常积极地套用其他部门的最佳实践经验,却反而使磨合阶段的问题更为严重。这是为什么呢?因为这个员工可能过早地放弃了外人的帮助,或在关键性的项目上作一些似是而非的修正,或出于维护自尊和地位考虑进行一些毫无必要的改动,或出于不假思索的热情,在最糟糕的时候采用了新方法。因此,舒兰斯基指出,接受者的积极性,“有可能有助于启动成功经验的推广,但也有可能让它的实施过程变得更为复杂”。

照搬经验?

舒兰斯基通过自己的研究给管理者提出了几项重

要建议，其中之一是，“知识运用的管理和知识创新的管理是不同的”。他说道，“对于前者，你希望员工照搬他人的成功经验，立竿见影，只在出现问题时才对流程进行补正。而对于后者，你肯定希望杜绝抄袭。这两者的主旨是截然相反的，所以你必须搞清楚应该在什么时候采用什么样的方法。”

在因果关系不明确的情形下，“我们必须承认其实我们并不清楚自己的所作所为——即使是在我们必须行动以保持公司竞争力的时候。我们必须既谦虚又现实——然而我们中大多数人对自己在知识移转能力方面的自信程度超过了应有的水准”。这使得照搬经验变得更为重要。舒兰斯基解释说，“如果你一开始就对你试图学习的最佳实践经验进行修正，那么一旦在新环境中失败，你就会更难弄明白失败的原因。要找出问题的源头，最好的办法就是完全复制他人的经验，然后把复制品与原版进行比较。从某种意义上说，你应该试图尽可能地将实验置于可控的范围内。”

最后，舒兰斯基建议应该确定“一个完整的标准案例作为你试图模仿的对象，不要从不同地方选择‘精品中的精品’，或对最佳实践经验的某个部分断章取义，然后再七拼八凑到一起。一个完整的标准案例可以给你最佳视野以认清绝大部分知识壁垒，你可以观察各个部分是如何联系和互动的，由此也就减少了因果关系不明确的问题”。

舒兰斯基的研究指出，最佳实践经验推广过程中遇到的障碍远比我们认识到的要微妙和复杂。但只要我们理解了知识的影响和积极性障碍的问题，我们就可以提高在企业内部移植模范经验的成功几率，并更有效地管理为企业带来竞争优势的宝贵财富。

4. 竞争情报的力量

4. 竞争情报的力量

戴维·斯托弗

九年前，发生了一起足以与詹姆斯·邦德相媲美的情报战，医药行业巨头默克公司（Merck & Co.）根据一家竞争对手推出一种主打新药的情形，推测出对手的产品定位和营销战略。为了应对竞争对手可能采取的战略，默克公司将旗下已有的一种药品重新定位，以抢先占领对手可能的目标市场空间。事实证明默克公司的情报极为准确，通过重新定位其产品策略，默克夺取了更多的市场份额并迫使对手不得不重新制定战略，使对手的新药投放足足推迟了一年多。而默克公司单靠这一次情报所带来的各类商业收益总计超过三亿美元。

那么，默克是通过哪些高超的间谍技术来发现对手的计划呢？其实这里面并没有什么可以成为电影剧本的素材。根据默克公司商业战略分析部的高级主管克里夫德·卡布（Clifford Kalb）的介绍，公司员工从出席医学会议和仔细梳理来自临床实验的公开信息中获取了大量所需的情报。

现代的竞争情报工作，如伊士曼柯达（Eastman Kodak）公司竞争情报主管蒂姆·金德（Tim Kindler）所描述的，是“针对特定行业或竞争对手，合乎行规地搜集、分析并传播准确的、相关的、特定的、及时的、前瞻的和可行的情报”。收集竞争对手的情报并不是指在对方弃置的文件中寻找蛛丝马迹，或者派出情报人员去冒充客户，而是要在对手的网站和公开资料获取信息，包括和行业同人在商展中的聊天，并且要明白在哪里寻找信息，询问什么问题，以及如何根据你的发现付诸行动。

几乎每位公司员工都在有意无意地做着竞争情报工作。

有效的竞争情报是建立在知识管理的原则之上，搜集竞争对手的信息并在整个企业内部系统地加以传播。然而，虽然竞争情报的潜在效益巨大，却只有相对较少的企业实施了标准的竞争情报流程。这主要是因为，建立和维持一个有效的竞争情报项目需要的资源量非常巨大，而且不到竞争情报真正运转起来，谁也无法证明它对于公司利润的价值到底有多大。但是那些实施了竞争情报项目的公司都对它极为信赖。

信息的搜集

几乎"公司里每个员工都在有意无意做着竞争情报工作"，匹兹堡大学商学院教授约翰·E. 普雷斯科特(John E. Prescott)指出，他也是《竞争情报评论》(*Competitor's Intelligence Review*)的执行编辑。当你浏览对手公司的年度报告，和对手公司的财务总监在招待会上聊天，或者通过网上新闻剪报服务阅读关于对手公司的文章汇编时，你就在搜集竞争情报了。

令竞争情报专家极为惊讶的是，公司的员工、董事和其他利益攸关者居然会将如此多的敏感信息泄露给完全陌生的，甚至是一个坦陈与对手公司密切相关的人。所以，对于你公司中那些可能有机会接触这些信息的人，指导他们有技巧地问问题，并且做个好听众是非常重要的。事实上，竞争情报专家认为，公司自己的员工，无论从价值还是从获取信息的难易度而言，都是首屈一指的竞争情报资源。"我估计我们需要了解的信息中，90％的信息已经被公司里的某个员工知道了。"惠好公司的竞争分析主管史蒂文·R. 斯托姆斯(Steven R. Storms)如是说。

信息的解读

搜集对手的信息听上去相当简单，而且其价值也可以得到充分证明。那么为什么只有很少的公司实施正规的竞争情报项目呢？这是因为虽然搜集对手的信息不难，但要有效运用它们却不容易。

无论是竞争情报咨询顾问还是企业竞争情报经理都强调，他们的工作并非仅仅专注于分析对手要干什么，而且要在获取了这些情报后，在更大的竞争环境中对这些情报作出评估。因此还需要考虑经济状况、客户偏好、潜在的监管措施、政治因素等等。安贾·科贝尔（Anja Kober）在德意志电信（Deutsche Telekom）的机构战略部负责战略预警系统，她指出，许多高层管理人员并没有认识到在竞争情报运用中要考虑那么多因素。“一些人认为竞争情报只是市场研究，”她说道，“他们把它看成是信息——数据搜集和汇总——而不是加上分析和解释的情报。”所以当高层管理人员想看到根据数字而得出的建议时，问题就来了，因为真正的情报“是很难或者根本无法数量化的”，科贝尔说。

“那些持有信息简化论观点的高层管理人员，试图把信息简单化”，他们可能会对竞争情报工作很不适应，杨百翰（Brigham Young）大学玛丽奥特（Marriott

School)管理学院,竞争情报和营销学副教授保罗•迪什曼(Paul Dishman)如是说。因此,企业里的竞争情报经理就必须承担起责任,教会员工如何使竞争数据产生效用。

尽可能地搜集完整的信息

要让竞争情报发挥作用,你必须把信息从拥有者传递到需要者那里去。这就产生了问题,尤其是在那些竞争情报还是个新概念的企业里,很有可能信息的拥有者并不知道这个信息对其他人有用。"我们总是被这个问题困扰。"惠好公司的斯托姆斯说。当他好不容易送出一份关键情报后,"对方往往会说:'哦,我们找这资料找了好几个月了。'"

将企业的情报链环环相扣,使珍贵的信息可以从知道的人传到能够使用它的人手里,这是一个不小的挑战,而这就是一个合作良好的竞争情报团队存在的价值。竞争情报团队,加上公司的知识管理团体(如果有的话),是企业信息传播网络上的数据中心——他们接收、分析数据,并将其传送至合适的对象手里。为了让这个信息共享的流程能够有效运行,流程本身以及参与人员的职责都必须明确定义。每个员工都必须有自己特定的角色,这必须在流程中体现,同时还需要辨别以下问题：这个数据有其潜在用途吗？它必须在何种背景下进行解释？公司里谁可以使用以及如何使用这些数据？

此外，零零散散地搜集信息，既不能给企业带来持续稳定的价值，其低效率也难以说服那些对数字情有独钟的管理层。

斯托姆斯举了一个例子来证明协作整合竞争情报工作的重要意义。他在与惠好公司林木业务员工的偶然交谈中，那个员工提到一家竞争对手意外地停止为其造纸厂购买木料，因此可能无法完成订单。而稍早些时候斯托姆斯听说惠好公司的一家造纸厂因为缺乏订单而计划暂时关闭。“通知商社我们的竞争对手有些客户很不高兴，他们需要纸品，这其实是件很简单的事情。”斯托姆斯说道，“这是个很好的例子，说明竞争情报部门光靠共享信息就可以产生很大的价值。”在另外一些例子里，竞争数据要经过分析才有价值。但无论在哪种场合下，竞争情报工作“在所有业务中都必须和企业的每个阶层保持联络”。

如何有组织地开展信息搜集工作

在整合一家公司的竞争情报工作时，首先要考虑如何把它有机地组织起来。是把竞争情报工作集中于一个特定部门呢，还是在几个关键部门如研发部、市场部、销售部等安排代表呢？这就要看企业的整体文化和组织架构了，任何两个企业的最佳模式都未必相同。默克公司的卡布说他所领导的商业战略分析部是个“整合集中的部门”，这反映了公司“高度集权”的组织架构。“当企业资源共享的水平很高，客户和竞争对手很多，那么竞争情报流程就必须是集中化的，例如柯达、摩托罗拉和陶氏公司都是如此。”匹兹堡大学的普雷斯科特说道，“当上述因素的水平很低，则就应该分散化，如国际商用电器、通用和富达公司等。”

要分散化就有个问题，就是何时把竞争情报工作分流出去，虽然目前企业通行的一些做法可以给出回答，或者作为竞争情报工作重要的参考，但这个问题仍值得研究。举例而言，员工受命去商展上光顾竞争对手的摊位，或者打电话给对手公司询问它们的产品和服务，人们会说非你公司的人可以搞到更多更好的信息。咨询顾问赫林说，在参加会议时他只挂自己公司的胸牌，从不挂客户公司的牌子。

受雇的咨询顾问或者内部专业人员，这些现在的竞争情报职业者“看上去有点像电视广告的用语”，竞争情报职业者协会的执行董事长比尔·韦伯（Bill Weber）说道，“‘我们并不作决定，我们只是让所作的决定更好’——我们为决策提供更好的信息。”

5. 汤姆·达文波特访谈录　你最大限度地发挥了知识型员工的作用了

5. 汤姆·达文波特访谈录

——你最大限度地发挥了知识型员工的作用了吗

劳伦·凯勒·约翰逊

今天,在发达经济体中,知识型员工在劳动力大军中占据25%～50%的比例,巴布森学院信息技术和管理系教授汤姆·达文波特指出:知识型员工发明新的产品和服务,设计营销计划,并制定战略规划。

这些员工"是经济发展的驱动力",他在《生存的思考:如何让知识型员工获得更好的表现和效果》(*Thinking for a Living: How to Get Better Performance and Results from Knowledge Workers*)一书中写下这句话。

但你如何知道你的知识型员工是否处于满负荷状态呢?你无法像监控流水线工人那样监控他们。他们的工作是无形的:有些人必须运用自己的个人才能作出判断;有些人的工作是即时性的;有些人和公司内外的人交流协作;有些人则负责开拓客户关系。你如何知道是否有效地监控他们?

如何让知识型员工发挥更大作用

因为智力工作是难以衡量的,一些老板就采取了放任主义的政策:他们根本不“管理”知识型员工;另一些老板则采取传统的管理手段——例如,规定他们的工作模式或者把他们归入等级报告制度中去。这样的做法在下级对专业领域比上级懂得更多时只会产生反作用,因为前者要求更多的自主权,这些人和行业网络上的同行协作时才能发挥最大的效果。

达文波特坚持管理者可以让知识型员工发挥更大的作用。一种策略是提供像个人数码电脑(PDA)和即时通信工具——最重要的是提供如何使用的说明书,可以使他们无论身在何地都可以在彼此以及客户之间更好地通信交流;另一种策略是建设同业网络,这样优秀的员工就可以从同行的经验中发现和分享有用的信息来推进自己的项目。即便只对现实环境作些改进也是有用的——例如增加一些方便协作交流的办公场所,带有安静的办公室,可以让员工独立地思考不受打扰。

达文波特强调,在对知识型员工的管理中,管理者必须扮演与以往不同的角色,这点也很重要。他相信,从总体看，上述变化可以引发一场管理革命。

从老板转向"运动员/教练"型管理者

达文波特指出了在知识管理中出现的一些重大变化。首先他认为，区别于那些简单的监控工种，知识型员工的管理者将越来越多地来自于知识型员工群体本身，管理者所做的工作和他的下属基本雷同。更重要的是，他们的考虑重点和老一代管理者之间有很大不同。他们试图构建的是一种平等社团模式，而不是以往的等级管理制度：他们的工作重点在于培养和训练员工，而不是雇用和开除员工。

达文波特补充道，有别于官僚机构，知识型员工的管理者会"抵挡外部压力，尽量给他的下属以足够的自由充分发挥其能力"。他注意到，目前最大的科研机构之一——曾从事过曼哈顿工程和施乐复印机项目，坐落在加利福尼亚的 Palo Alto 研究中心（PARC）分配给高管的一个主要角色，就是保护知识型员工免受官僚主义的影响。这些管理者用了多种手段来完成他们的职责，例如，确保每个重要的研发项目都能得到足够的、持续的资金支持；把研发项目的内容转换成别的管理者能够看懂的东西；回绝把知识型员工划分阶层的不合理要求等。

许多经理会发现既要监控知识型员工，又要和他们一起从事研发工作，要在这两者之间搞好平衡很不容易，达文波特指出。他认识到，新型的知识型员工的管理者，即所谓的运动员/教练型管理者，是会持续不断地感觉到巨大压力的。专注于传统的管理职责，例如预算和规划，就可能意味着减少与客户的接触，也就难以把握客户的真实需求；另一方面过于集中精力做好智力工作，就有可能导致管理职责的缺失。

该如何走出这个困境呢？许多职业服务公司、大学和研发机构长期研究此类问题，并提供了一些模型。举例来说，大学里行政管理层面的学者通过继续教书、指导研究和写书来“持续接触”研究工作。但不管用哪种手段，“都必须通过整个组织的层面进行”，达文波特如是说。“一个律师事务所可以指定几个合伙人来从事更多的管理工作，其他人则主要负责服务客户。这需要在组织内部达成一致意见，因为那些负责管理事务的合伙人收费的时间就会减少。”也有一些公司让员工在两个角色间不断轮换。

然而达文波特提醒一点，不要让员工脱离智力工作——尤其是接触客户的工作——时间过长。“这些员工会失去其他知识型员工的尊重，如果他们离开业务第一线太长时间的话。”他说道。

为什么保持较高的生产率水平现在越来越重要

用放任主义和过时的手段来管理知识型员工，这种做法在当前尤其具有破坏性，因为智力工作是可以“离岸”操作的，而且照样迅速有效，汤姆·达文波特这样认为。现在，有一些公司在注视着中国和印度这样的国家如何从事智力工作。为了证明如咨询、系统整合、产品设计、机械工程以及其他类似的工作可以在家中完成，公司必须保证它们的知识型员工比全球竞争对手有更高的生产率，这就意味着必须对他们施以新的管理模式。

澄清工作的意义

除了扮演好运动员/教练的角色以外，达文波特还说，知识型员工的管理者首先应考虑的是“把管理架构写进章程”给员工看。“知识型员工比一般员工有更高的心理需求，他们希望自己参与的工作有着宏伟的目标，希望自己的企业在做有意义的事业。”他说道。就像他在《生存的思考》里写的那样：知识型员工“关注的东西超越了自身工作的范围，而是行业发展趋势、企业在行业中所处地位、企业的核心动力、特定的业绩目标以及这些因素如何与个人业绩相联系”。

还有很重要的一点就是，管理者要给知识型员工精心安排工作任务，既要符合他们的个人趣味，又要和公司的大目标相匹配。寻找这样的合适任务需要花费很多时间和精力。相对于其他工种而言，给知识型员工安排和修订工作任务需要更多的妥协和退让。当员工把工作当成自己的事业，并且认为自己正置身于一个远大的发展蓝图中时，他们的工作效率就会大大提高。

知识型员工渴望他们的工作对公司整体有所贡献

衡量和评估业绩

知识型员工的管理者还需要采用新的模式对员工的业绩进行评估，汤姆·达文波特说道：“根据他们的实际产出——即结果，而不是根据他们的投入——像工作了几个小时或是他们去了哪些地方，来评估员工业绩。”尽量创立数量指标来评估。即便工作指标都是主观性的，也要尽可能设计得合理，这样也会有效果。举例而言，在职业服务公司里，负责联系新闻媒体和分析研究人员的主管，就可以适用“媒体报道次数”和“分析师良性评级”作为其业绩评估标准。

然后尝试一些变化，来优化你设计的业绩评估指标体系。管理者不能一味地把管理的目的当做压榨下属的价值，达文波特说道，“我们还要学会如何去管理。”有许多公司正在作出改变——例如把知识型员工从封闭的办公室转移到大办公室的小隔间里，方便加强员工之间的交流——却没有评估这样做到底对业绩有什么影响。“我们在做实验，但我们并没有从实验中学到什么。”达文波特如是说。

那他的建议是什么呢？“少一点变革，但变革必须更聪明才行。”一次只实验一种变革。例如，如果你把员工的办公格局作出了改变，那么新的信息技术就没必要在同一时间试行了。同时必须阐明你是用什么方法来衡量这次变革的影响。“你并不需要一个统计学博士，”达文波特说，“但你需要让你的实验简单而规范。”

知识高度集中的公司，即拥有最高比例知识型员工的公司，在美国以及其他先进经济体中是发展最快最成功的企业。用新的办法管理这些员工，你就提升了发掘他们最大价值的可能性，也为你的企业赢得了发展的契机。

第三部分

管理领导者的知识

领导者的知识和经验对公司的业绩能起到独特的作用。因此，培养并管理领导者的认知需要采取独特的策略。这一部分的文章将研究这一主题。你会发现以下文章分别阐述了公司通过设立“首席知识官”这一职位所获得的诸多优势，在你的团队中培养未来的领导者所采取的各种策略，以及建立能够激励领导者之间彼此学习的最佳同业社团的建议。

1. 何谓首席学习官的真实认知

1. 何谓首席学习官的真实认知

洛伦·加里

大家都曾听过这样的流行语:21世纪,更多的业务将基于无形资产。公司最重要的资产将不再是厂房或存货,而是员工的知识和经验。新闻上曾报道:知识管理的未来发展在某些开明的组织里已经开始。知识管理的倡导者们正在探索各种方式来将知识管理作为一项业务流程。

按照纽约永道(Coopers & Lybrand)会计师事务所埃伦·纳普(Ellen Knapp)的说法,知识管理是"将知识资产转化成为组织客户和组织成员创造不朽价值的艺术"。这听上去很好,但问题在于如何来实现。许多公司所采取的解决方法之一是设立"首席学习官"这一新的职位。这位被称为"首席知识官"或"知识管理总监"的执行官将不会与负责公司信息技术(包括"软件"和"硬件")的首席信息官混为一谈。作为"六大"公司的首席知识官兼副总裁,纳普认为,首席学习官的职责在于,“确保组织所建立的流程、制度和文化能够促进组织内部成员之间、组织成员与客户之间更为有效地共享知识”。

那么,履行上述职责到底需要注意些什么?通过与几位在任首席学习官的对话,我们归纳出五点结论。从业者自己的说法为此提供了最好的论据,而这些说法类似于任何一套新领域倡导者的说法,既独具魅力又难以言喻。

新经济时代确实即将来临

彼得·德鲁克、莱斯特·瑟罗(Lester Thurow)等人近年来一直在著书研究即将而来的知识革命。也许更令人惊讶的是,他们原先只关注数量研究的同行们对此也不甘落后。哈佛商学院工商管理教授威廉·布伦斯(William Bruns)提醒说,会计师们几十年来一直在寻求能够使知识资产更容易计量的方法。布伦斯引用1974年埃里克·弗拉姆豪茨(Eric Flamholtz)出版的《人力资产会计核算》(*Human Asset Accounting*)一书为例说道:“我们在过去30年中已经完成人力资产会计核算工作。”而战略咨询公司之一摩立特公司的首席知识官艾伦·坎特罗威(Alan Kantrow)则反驳说:“直到近年来,人们才在‘背景噪音’中听到有人承认知识和智力是经济等式中极为重要的组成部分。”转折出现在1991年。这一年，美国公司用于电信和电脑设备的资本性支出首次超过工业、建筑、采掘和农业设备的企业支出。从那时起，由新经济投资所保持的领先地位已经得到稳步扩展。人们日益重视通过知识和创新获得增值，而对此的关注已由原先最可能发生的专业服务公司、咨询公司、会计师事务所等扩大到了从事商品和原材料业务的公司。例如孟菲斯的一家化学厂商——巴克曼实验(Buckman Laboratories)公司，已经成立一个部门来负责知识管理。

麦肯锡公司组织实践研究的合伙人布鲁克·曼维尔(Brook Manville)将正在发生的这种变化归结为许多因素：“商业全球化、综合竞争力以及随着跨国公司遍布世界，人们更难找出组织里到底哪些人了解哪些信息。硬资产趋于商品化。日益透明的信息需要更多的创新，即当人们意识到可能发生的事情时，他们的选择会更加慎重。一切皆因知识经济的出现。越来越多的公司需要有其独特的价值主张以求得生存。”

纳普甚至发现，这种对于通过知识管理获得差异化的需求与过去18～24个月裁员重组期的结束有内在联系。“既然我们现在走出了裁员的风暴，那么，我们应更关注成长和创新，”她解释说，“因此，知识产权和知识资本的重要性日益凸显。”

各类知识都不尽相同

首席学习官很可能会说，知识具有多样性，必须以不同的方式去吸取并传播知识。坎特罗威将知识划分为三类："知道是什么，知道为什么，以及知道怎么办。从本质上说，'知道是什么'所指的对象是数据、统计图表和事实。这类知识是可以储存在磁盘上的，但是当你使用它们的时候，你需要确保储存的知识可用于眼下的情况。'知道为什么'是对随机事件的分析理解。例如，这边的涨价为什么会影响那边的需求？获得这类知识的最好方法是使用专家系统。最后一类知识——'知道怎么办'是隐性知识或工艺知识。这类知识不能储存在磁盘上，你必须通过拜他人为师来学习它们。"

"如果你想要理解既严格又应用广泛的知识管理方法"，坎特罗威建议说，"你首先需要意识到什么类型的知识与什么样的流程相对应，然后建立生成和吸取知识的流程，最终使你能将适当的知识运用到适当的地方。"

例如，设想你正着手制定将一种牙膏品牌打入上海市场的策略。你可能对那里不同的顾客细分市场有所了解，但很可能并不清楚那里某些具体的市场和竞争状况。有效的知识管理将帮助你判断投入额外的资源来保护知识资产是否值得。

扬雅(Young & Rubicam)集团下属广告公司之一——伟门公关(Wunderman Cato Johoson)的首席学习官尼古拉斯·拉德(Nicholas Rudd)在知识管理的地理方法与能考虑到对各地业务同等重要的知识领域的方法之间作了区分。“我们服务于世界上35个国家65个办事处的客户,”他解释说,“因此,我们试图确定在某一地区客户关系中行之有效的工作方法,并且弄清楚我们下次在那一地区怎样能把事情做得更好。当我们研究多种知识领域时,例如说顾客忠诚度,我们从全球市场上学到的有关保留顾客的经验对我们而言都是有价值的。”

拉德基本的工作就是促进“实践型组织的形成,而这一组织是由能从客户服务工作中总结出适用于未来挑战的原则和理论框架的人员组成的非正式网络”。雷同的是,通用电气负责公司领导发展的副总裁史蒂夫·克尔(Steve Kerr)正着力于支持全公司的六西格玛(6σ)质量改进。通用电气公司希望,到2000年,这一质量改进能使其业务流程的缺陷降至百万分之三。克尔大部分的努力都集中在分享最佳实践经验,包括设立研讨会,建立可以由互联网进入的数据库,或者创造其他的学习机会。

但是,首席学习官们也开始意识到,过去在特定情况下最好的方法可能今后并不适用。坎特罗威提醒说:“当你在环境相当受限、纷繁复杂的市场里从事经营,X公司在上海市场上提供的最佳实践信息可能与你的实际情况不那么相关。"关键之处就在于"理解不同的知识块与你所面临的战略性决策之间的关系,并且适时地应用相应的知识"。

对于局外人而言,弄清两者之间关系以及组织里可用于决策的知识的过程就像是一般的咨询活动。惠普公司负责知识管理方法项目的信息系统经理朱迪·李维斯(Judy Lewis)将她的工作描述成类似于"剥洋葱",以假设检验组织现在或是应该采取的使用知识的方法。她的团队与业务单位合作,尤其关注于如何生成新产品。

李维斯和她的同事们典型的工作周是这样的:从她们的Palo Alto基地出发,来到作为惠普业务单元之一、占公司收入10%的打印机生产商这里,进入到始于六个月前的咨询工作的下一阶段。在与业务单元的总经理和其他员工相处的几天中,李维斯和她的团队将作出"知识评估",试图确定业务单元存在的需求和机会。"在这种情况下,高级管理者开始有了一些相当笼统的目标来运用他们的知识资产,"李维斯解释说,"他们希望共享得更多、合作得更多,但却并没有真正认识到该从何处着手来解决这些问题。"

李维斯及其团队下一步的工作是开发一种面谈流程,在组织中自上而下层层进行,证实并细化业务单元领导层所提出的预感。"重要的是尽职调查问题,"李维斯说道，“然后，一旦面谈结束，我们将创造视觉效果如图形、图表或是表达人们对我们所说的内容的其他可视方法来向业务单元展示。人们会发现他们的想法或者流程的缺口在哪里。”这一特定的项目还要持续几个月，而李维斯将她所从事的惠普业务单元的计划视为一项持续进行的计划。她谈道：“我们帮助业务单元进行评估，然后进入到执行、监督和反馈阶段。在整个过程中，业务单元可以随时向我们提出新问题，因此，我们的参与从未真正结束过。”

有效的知识管理需要更好地培养人的技能

麦肯锡公司的曼维尔认为知识管理是由许多不同的部分构成。一些知识管理借用系统方法，例如，信息管理（“让我们把所知道的客户信息输入数据库”），而其他的则不是这样：让人们学得更快，这就要求理解个人发展和团队活力；或者调整人员安排以使他们更好地工作，这就要求具备组织设计的专业知识；或者通过网络来联合管理关系。这里所需要的技术更类似于那些人力资源专业人士、娴熟的总经理或是一流的变革推动者所具备的传统技术。

“组织中会出现反对获得新知识的人是很自然

的，"哈佛医学院执行发展资源总监、临床心理学家史蒂文·贝格拉斯(Steven Berglas)解释说，"事实上，公司的成功经常会强化现有的最佳实践，从而妨碍获得新的知识。"知识的学习只会在善于接受并可再生的环境中发生。也就是指，组织对于需要做什么的主导态度能够受到质疑并能够容忍冲突的环境。"除此之外，人们以不同的速度学习，吸收并且接受信息，"贝格拉斯继续说，"因此，首席学习官最重要的任务是建设性地管理冲突，以及促进信息以没有威胁的方式进行交流。"

无论知识管理的工具是应用于特定的职能部门还是遍及整个公司，这些工具必须以可计量的方式与公司的战略和业务的基本点联系起来，因此，大多数公司还有很长的路要走

纳普宣称，大多数首席学习官对于知识管理倾向于职能导向，他们仅仅将知识管理应用于技术或培训部门，或是将知识管理集中用于管理公司的专利组合。纳普说："相比之下，很少有公司将知识管理视为公司整个价值主张的一部分，整个业务战略不可或缺的一部分。"假如与更好地服务内、外客户的计划或是击败

竞争对手没有明显的关联，这种最时尚的吸取知识的系统也许在智力上只是白费工夫。与业务的基本点如新业务产生、提高生产力、更高的赢利水平、更低的成本水平、更快的交付时间之间存在的关联必须可计量以凸显其重要性。

知识管理不仅要关注组织的内部，还要充分利用外部知识存在的巨大机遇

利用你所学的知识来发展新业务。在纽约永道会计师事务所，出于满足公司税务部门主管工作的需要，公司引入了税收新闻网络，这一网络产品提供了关于税收相关立法进程的稳定信息流，支付额外的费用就可以获得定制服务和私人渠道。纳普骄傲地说："我们基本上提出在有关税收的立法进行时就召开税务总监们议事会的工作方式。"

从这份简短的调查我们可以清楚地看到，知识管理领域只是初具雏形，尤其是在涉及开发出能够赢得审计师或投资者尊重的度量和评估方法方面。但是，这项工作已经开始进行。如果你的组织还没有设立首席学习官，组织能够等到量化工作进一步推进才开始知识管理吗？要真是那样的话，你们可能正在浪费 21 世纪最宝贵的资产。

2. 培养领导者的艺术

2. 培养领导者的艺术

维杰·威斯温纳斯
玛西娅·布伦科

去年春天,传闻列入竞选"可口可乐"首席执行官决胜名单的众多首席执行官中,三位有着极其相似的背景。美泰(Mattel)的罗伯特·埃克特(Robert Eckert),好时(Hershey)的理查德·利尼(Richard Lenny),以及吉列的吉姆·契尔兹(Jim Kilts)都曾在卡夫食品锻炼过管理技能。

一切并非巧合。在过去20年里,卡夫已经培养出大量的杰出人才。曾在卡夫工作过的人除了在美泰、好时、吉列担任领导职位外,还在西尔斯、桂格(Quaker Oats)、金宝汤(Campbell Soup)、扬雅、玛莎(Marks & Spencor)占据高层职务。尽管通用电气以向其他组织输出领导者而闻名于世,卡夫食品却被视为培养首席执行官的摇篮。

奥秘就在于卡夫的管理开发过程。除组织的日常工作外,许多公司的开发计划都是在严格控制的温室里进行的。执行官报名参加一系列的局部课程或者参加集中的案例研究。然而，当你在温室里培养领导者，最后只能培育出温室里的花朵：它们看上去非常美丽，但是一旦与外界接触就会枯萎。

在卡夫，领导能力开发不是一个独立的过程。尽管公司的确有培训领导者的正式项目，但是大多数情况下，执行开发是在工作中进行的，更重要的是，服务于工作的需要。自始至终，开发都旨在强化卡夫的商业模式。塑造品牌对于卡夫的成功至关重要。别的消费品公司往往把塑造品牌与降低成本分开考虑，但在卡夫，这两者是相互关联的：系统地降低成本使得公司在加强品牌建设方面有所投入，并且公司总经理应该两者都很擅长。

随着前程似锦的管理者向前发展，他们会面临一系列的挑战，从中他们学会在各种环境下运用这一模式的方法。预计他们在最初的工作中就可以表现出某种成熟的思维方式，通常在大多数公司只有最高执行层才具备这种思维方式。随着管理者晋升，卡夫鼓励他们培养一套对于成为公司领导者至关重要的概念技能和人际技能，例如创造力、说服力、影响力，以及承担风险的意愿。也许最与众不同的是，卡夫的开发过程给予年轻的执行官极其广泛的自主权来拓展其能力并加速其成长。

在卡夫领导能力开发过程成功的背后，你们将发现一整套可供任何公司学习的原则。

卡夫的秘诀

五项指导性的原则推动了卡夫培养领导者的方法取得显著的成效：

1. 关注全局。与大多数消费品公司不同，卡夫尽早地给那些有培养前途的人划出责任底线。

2. 给予管理者行动的自由。一旦年轻的管理者掌握了基础业务，就给他们留下足够的空间，让他们决定如何达成目标。

3. 教导管理者影响力的艺术，而不是发布命令。卡夫培养管理者影响力的艺术，使他们有能力调动整个公司的其他人员来共同完成工作。

4. 不鼓励自我宣传。卡夫鼓励的是团队成就，而不希望个人成为焦点。

5. 为人才找到合适的位置。并非每个人都能领导公司，但是卡夫有一个承诺：致力于留住人才并且为没有成为领导者的价值创造者创设角色。

一开始就关注全局

“责任底线”是卡夫管理者早期开发的主导性原则。这与公司商业模式的基本思想有关，即降低成本不是一次性的被动计划，而是一项持续的战略过程，这一过程是为了留出可用于投入到市场营销活动中的现金。换句话说，削减成本加速了品牌建设。

从卡夫授予其积极进取的管理者的任务和职位中，我们可以清楚地看出职责的范围。大多数消费品公司委派给初出茅庐的执行官以“品牌经理”的职位，着重强调广告等促销手段。而卡夫则将这些执行官称为“品类商业总监”，让他们负责除市场营销活动外更多的事务。

在早期阶段，卡夫鼓励晋升的管理者集中精力深入了解供应方需求，并要求他们每天都要与商品市场、生产厂商以及现金管理打交道。

按照卡夫现任和前任执行官的说法，品类商业总监去农田与农夫们交谈或是去工厂与机器操作工一道排除生产故障是再寻常不过的事了。

结果年轻的管理者获得了与顾客讨论卡夫整体业务的能力，包括供应链和生产运营。例如，如果出现了短期的生产不足，管理者能与顾客们深入地讨论问题的成因，并且找到能保证使采购方持续满意的解决方案。

为了使执行官理解其控制成本的职责，卡夫把他们的工资和奖金与整个赢利状况挂钩。这就是卡夫与传统的消费品公司另一个显著的区别，这些公司几乎没有考虑到成本管理，而是倾向于按照达到的目标收入付给年轻的执行官薪酬。“我在1983年到1984年经营卡夫的人造黄油业务期间，”好时公司的理查德·利尼回忆说，“我所接触到的业务面比许多管理者一辈子接触到的还要多。”从一开始，卡夫就致力于培养总经理以及未来有处理全局能力的首席执行官。

培养有效领导者的正确方式是
留有实验的余地，包括偶尔的失误。

允许自由行动以培养主动性和创造力

一旦年轻的管理者彻底了解了业务，卡夫就会让他们付诸行动。尽管公司实行严格的财务目标，公司仍赋予管理者巨大的空间以找出实现目标的最好方法。

卡夫前首席财务官加里·科赫兰(Gary Coughlan)说，这种方法减少了独裁，鼓励了个人的主动性。“如果你做得对，你不必写许多备忘录，”他回忆说，“一旦展现了你的能力，你就能放手去做，然后就能形成自己的处事风格。”

卡夫相信，培养有效领导者的正确方式是留有实验的余地，包括偶尔的失误。以吉列公司吉姆·契尔兹(Jim Kilts)的经历为例。在契尔兹掌管奶酪业务的职业生涯初期，他所面临的最大挑战是来自于自有品牌的威胁，这些品牌已开始占据了可观的市场份额。在获准自主决定最好的行动路线并迅速执行后，他决定给予零售商促销激励，设想这些零售商们将把省下来的资金以低价的形式返还给顾客。但结果却是零售商留有现金却并未降价，这样就导致卡夫奶酪相对于自有品牌继续处于不利的竞争地位。

因此，契尔兹改变了路线，降低了产品的报价，直接向顾客提供降价的产品。他已经犯了一个错误，但是这个错误是合理的，并且很快得到了修正。“你可以犯精明而非愚蠢的错误，”他回忆说，“当错误发生时，你应该能迅速纠正路线。”

别的消费品公司允许高层执行官自由行动，而卡夫将这一概念深入贯彻到组织内部，深入到中层管理者，从而令管理者坚持不懈地尝试新的方法来改善公司经营。这样的文化吸引了人才。现在金宝汤工作的道格·科南特(Doug Conant)说道，是环境吸引他来到了卡夫。“公司期望你能够增加收入，增加净利润，同时提高市场份额，但是你有更多的操作自由。”他提醒说。

锻炼管理者施展影响力的艺术，而不是发布命令

在卡夫，市场营销和制造职能在各产品单元中有所重复，公司将执行官们在线上职位和职员职位间进行轮岗。这种方法不仅适于拓宽积极进取的执行官的知识基础，而且使得这些部门主管具备总经理的视野和技能。

目标在于培养能够在作出决策和影响决策两方面都游刃有余的领导者。作为线上操作者，他们学会明智地工作；而通过担任职员职位，他们更熟练于通过别人来完成工作，这是一种在扁平型组织时代至关重要的领导力。

负责品类和品牌的执行官们不能简单地发布命令，他们必须学会说服别人并且统一意见。正如一位前执行官所说：“你要经常让许多人围桌而坐，如果你想成功的话，你需要让那些人各抒己见。因此，重要的是学会如何激励他们，而不是利用职权操纵他们的职业生涯。”

为了证实卡夫致力于让管理者在职员职位和线上

职位矩阵之间轮岗，卡夫前联合首席执行官贝奇·霍尔登(Besty Holden)指出，卡夫的最高执行官们平均在公司工作超过 20 年，然而通常在目前的岗位上工作仅有两年时间。

埃德·斯梅兹(Ed Smeds)所走的非同寻常的职业道路具有代表性。斯梅兹最初是人力资源部的职员，后来作为卡夫的首席财务官，然后又调到了线上，相继担任澳大利亚和加拿大的总经理。退休前，他回到了职员部门管理采购和后勤。强大的职员功能为线上的执行官提供了平衡和衬托，卡夫不遗余力地让线上员工担任职员职位。

卡夫的管理开发并不是
围绕着识别和培育“领导个性”。

不鼓励自我炒作和利己主义

卡夫的管理开发并不是围绕着识别和培育“领导个性”。事实上，卡夫早就意识到“不狂妄自大”作为一项领导品质的重要意义，之后过了很久，吉姆·柯林斯(Jim Collins)才在他的著作《从优秀到卓越》中研究了具有个人魅力的公司领导者所带来的危险性。与其他处于行业领先地位的公司首席执行官不同，在 20 世纪

80 年代和 90 年代初期的杂志封面上很少能看到卡夫前首席执行官迈克·迈尔斯的身影。

自我炒作者不必申请到卡夫工作。公司培养领导不是鼓吹个人崇拜，而是要养成一种以公司利益为重并帮助同事成功的根深蒂固的习惯。目标在于创造一种培育的是团队成就而不是个人成为焦点的执行官的环境。继续担任桂格公司领导的前卡夫员工鲍勃·莫里森(Bob Morrison)回忆说："我们不是热点人物。我们只是试图每天都能把事情做得更好一些。"

调动跟不上发展的人才，而不是解雇他们

当然，不是每个人都能成功地晋升到卡夫领导能力开发计划的最高层。卡夫经常将这些人转到职员部门，而不是解雇这些有经验的业务经理。的确，公司的最高管理层致力于安排一定的"职员名额"来留住优秀的人才为公司工作。

卡夫的前人力资源总监、领导成长轨迹项目的创立者之一约翰·塔克(John Tucker)回忆起一个生动的例子：一个职员原来是战略部的副总裁，她聪明过人。大家关于她能否胜任总经理的职位有诸多讨论。在讨论的最后一天，我们任命她担任了卡夫一个业务部门

的总裁。

约翰·塔克说:"我们知道该业务单元有着强大的基础设施和人员配备。事情不会糟糕到一发不可收拾。我每个月都会去那里查看一次,掌握有关情况。大约一年过后,我们所有人都发现事情明显并不顺利。我们于是把她调回到战略部,此后,她甚至比那段工作经历之前干得更好。"

这一政策保证了卡夫不会损失其对员工的投资。通过向领导成长轨迹项目的执行官提供安全的网络,卡夫进一步鼓励他们通过实践新想法并敢于冒险来锻炼羽翼。

其他公司能够学习卡夫的经验吗?答案并不唯一。卡夫的管理开发适合公司的商业模式,因此,盲目地试图复制它是错误的,适用于卡夫的方法不可能适用于另一家公司。

但是,其他公司可以采纳基本的思想。任何公司都能仔细思考自己的商业模式和基础性原则,都能为强化这些原则的管理者绘制出职业道路,都能赋予年轻的执行官们像成熟的首席执行官一样思考并行动的职责。

3. 有关对等领导能力开发的五个问题

3. 有关对等领导能力开发的五个问题

同业社团在帮助员工发展胜任力和技术知识方面的作用已经得到了很好的证实。但是,在为一线指挥军官专门开设的专业论坛网站 CompanyCommand. com,很多持有启发性观点的人相信,同业社团能够做得更多:同业社团使得身处于领导挑战之中的人能够与有着类似经历的人取得实时联系。网站的团队成员、美军少校托尼·伯吉斯(Tony Burgess)、纳特·艾伦(Nate Allen)、彼得·基尔纳(Pete Kilner)、史蒂夫·施韦泽(Steve Schweitzer)以及知识管理顾问南希·狄克逊(Nancy Dixon)均表示,这种联系具有变革性。

1. 什么使得同业社团如此强大?

伯吉斯:一月份,我们收到了来自伊拉克的美国陆军中尉斯蒂芬尼(Stephanie)的电子邮件。在她担任人事官的第一天,她所在的营就有一名士兵阵亡。她还没有学会如何处理这样的突发事件,但是她需要快速作出反应并向全营官兵表明她知道应该做什么。考虑到这一问题的敏感性,向别人寻求帮助会让她感到不太自在。

我们收到一封即时对话的电子邮件,将职业力运用于斯蒂芬尼中尉所面临的情况。她不仅马上收到了致死者家属的吊唁信模板,而且她从中学会了指挥官如何将开展悼念活动与建议实行所有适用军规结合起来。

2. 她获得了急需的资源,特别之处在哪里?

狄克逊:她所获得的资源远不止这些。开发的对话帮助她在特定的场景中学习。对话是一种强有力的学习工具,因为对话是需求驱动的而非供给驱动。通过对话,斯蒂芬尼中尉能够获得适用于她所处的特定情况下的建议。当你所交谈的人曾经经历过类似的情形,理解你所处的境地,这样的学习可能是数据库或书本所难以提供的。

3. 这样的学习如何使你成为一个更优秀的领导者?

施韦泽:你学会如何主要通过反思与你同样职位的人是怎样处理你所面对的具体挑战来领导,而不是通过正式指令来领导。

领导力由三种要素组成：认识、行动和成功。大多数组织相当擅长教育人们需要知道什么以及应当如何去行动来实现超越。"成功"要素是许多组织未能达到的。而这正是同业社团所具备的。

4. 如何像这样学习？

基尔纳：学会如何领导不只是一个认知的过程，其中也有情感因素。你向谁学习和你学习什么一样重要：两个人可以给我同样的建议，但是我会更善于接受曾经历过与我眼下所处的实际情况相似的人提出的建议。只有通过与你有过同样经历的人进行联系，经验教训才可能真正成为你自己的。

因此，在斯蒂芬尼中尉学习如何对她的士兵阵亡作出回应的同时，她也在从与她互动并关心她的同业社团那里学习领导能力。通过建立允许建模和隐性学习的联系，CompanyCommand. com 正帮助她学习如何成为一个领导者。

5. 你在暗示一个组织清晰地定义自己的核心价值不重要吗？

艾伦：不是。事实是试图自上而下强行推行一套认可的价值并不十分奏效。如果我们发布广告说人们能够从我们的网站上得到价值方面的帮助，我们不会获得很高的点击率。相反，我们关注的是帮助指挥官提高他们的胜任力。为了这样做，我们必须赢得他们的信任。只有那样，我们才可能进行有关价值方面的对话。

第四部分

充分利用知识管理技术

技术在知识管理中能发挥至关重要的作用。但是，技术本身并不能起作用，管理者必须有效地使用技术。这一部分的文章将更为彻底地研究这一主题。你会发现，这些选文介绍了以网络为基础的知识管理所能带来的益处，解释了如何建立知识管理门户网站，最后提出了从知识管理技术中获取最大价值的建议。

1. 企业内部互联网的新用处

1. 企业内部互联网的新用处

千年虫问题已经过去并得到了很好的解决，于是公司的信息技术部门正把注意力转向继互联网之后的一项长期技术——企业内部互联网。他们发现，好的企业内部互联网，能够成为信息共享和各种知识管理的有力工具。“企业内部互联网是小组作业的沟通平台，是员工们可以进入的‘电脑’。”史蒂夫·麦科米克(Steve McComick)谈道。麦科米克是华信惠悦咨询公司驻华盛顿办事处的一位咨询顾问，同时也是公司第四年年报中“电子人力资源管理”(e-HR)一文的主要作者。

新的发现并不在于组件，因为Lotus Notes产品早在十几年前就已被开发。创新之处在于将一切都置于同样的网络系统。正如美国维尔软件公司人事副总裁伊丽莎白·格罗弗(Elizabeth Grover)所说：“既然每天有这么多的人使用网络，你的工作何不做得与众不同？”

欧洲生命科学巨头安万特公司下属机构——安万

特剑桥基因中心(Aventis Cambridge Genomics)的企业内部互联网具有一些应用广泛的特征。在一个名为PharMatrix软件包的补充下,该公司企业内部互联网的分布使用具有如下特征:变动的安全水平、集中存档、文件进出登记、变更警告、新闻组、线索化的电子邮件讨论,以及增添统一资源定位器并连接数据库的能力。尽管如此,没有公司的企业内部互联网真正具有代表性。“人们将技术用于不同方面,”蒂姆·邓肯(Tim Duncan)说道,“我不认为有人真正知道企业内部互联网是什么。人们看问题的角度是不同的。”邓肯担任第一呼叫互动(First Call Interactive)公司总裁,同时也是汤姆森金融公司旗下金融服务客户使用的企业内部互联网的创办人之一。

邓肯说,由于对企业内部互联网缺乏明确的定义,许多公司在企业内部互联网上所作的投资并不明智。他说:“企业内部互联网现在是热点,人们只是在企业内部互联网上投入资金,但并没有花多少时间仔细考虑应该如何使用信息。”例如,第一呼叫互动关注的是某一特定群体的某一关键性项目,正如销售队伍使用的顾客清单,而不是建立全公司的企业内部互联网。他又说:“你必须对此有所思考。人们已确定他们需要的是一个图书馆,而不是在雇用一位图书管理员。”

要把知识用在合适的地方,而一个设计良好的企业内部互联网能做许多事情。例如:

保持人与人之间的联系

专门销售带公司标志装饰的 MadeToOrder. com 公司的企业内部互联网是公司新加入且分布广泛的劳动力有效发挥职能的关键。企业内部互联网使得“远程员工感到自己是公司的一分子”，公司总裁兼首席执行官韦斯顿·罗斯(Weston Rose)如是说。企业内部互联网几乎并没有使人们觉得不需要进行面对面的互动，而是相反地提高了现场会议的质量。罗斯说：“你所参加的会议显得更有意义，你不必花费时间赶场。”

促进培训和知识共享

JC 彭尼公司的管理者最喜爱的企业内部互联网站是公司用于互动培训和远程学习的知识管理系统。每个经理在登录后会看到按照各自的职责和级别定制的页面。页面上列有培训项目和管理技巧方面的内容。“我们再也不用印刷或者邮寄培训材料。”该公司总部人力资源沟通和开发总监黛博拉·马斯腾(Deborah Mastern)说道。对于这家每年雇用 400～700 位管理培训生且分布广泛的零售商而言，这样的措施节省了巨额开支。

另一个有用的特征是异步讨论。JC 彭尼的管理者可以向他们同级别的人提出问题，其他经理可以在登录的时候回答。所有的问答都会被自动存储以便今后参考。每天都有超过 500 名经理使用知识管理系统，其中有 300 人参加小组讨论。

企业内部互联网：你的公司处于哪个阶段？

华信惠悦咨询公司驻华盛顿办事处的一位咨询顾问史蒂夫·麦科米克认为，公司企业内部互联网的发展一般经历四个不同的阶段：

第一阶段：在企业内部互联网站上张贴诸如政策手册这样的文件。

第二阶段：提供可获得的诸如福利选择这样的个人数据。

第三阶段：使得人们能够从事诸如更改退休金账户这样的单向业务。

第四阶段：员工与员工之间可以信息共享。“那正是现在许多公司里正在进行的，”麦科米克说，“一旦你获得在线的文件、数据和业务，公司开始意识到网络是一种群体知识工具。”

日常工作自动化

“在微软，我们的一切工作都是在企业内部互联网上完成的。”这家软件公司总部信息服务总监玛丽·李·肯尼迪(Mary Lee Kennedy)说道。微软的企业内部互联网包括大约1 000个网站，200多万网页，几十个应用程序和功能。公司30 000名员工中，每天都有大约1/3链接到用途最多的网站——MSWeb。员工能在另一个最受欢迎的网站——MSMarket上购买办公用品并订票。该网站为员工节省了时间，实现了采购部门流畅地把供应商整合起来的愿望。肯尼迪说：“我不必填写任何文书来工作。公司内部已实现了电子商务。”

提供易于获得信息的渠道

四年前，卡夫的管理者发现有必要协调网站在公司不同部门间的使用。“所有的小组都在同时开发网页。我们希望确保所有人没有重复劳动。”公司总部人力资源信息与技术总监凯恩·艾萨克松(Karen Isaacson)回忆说。卡夫成立了一个由公司事务部、人力资源部、法律部、信息资讯部代表组成的企业内部互联网委员会。结果卡夫建立了卡夫企业内部互联网咖啡店，一个成为卡夫每个员工默认主页的惊人的网站。该咖啡店使得用户易于进入公司其他企业内部互联网站，例如人力资源在线。

削减管理费用

存储管理的软件制造商维尔（Veritas）公司使用企业内部互联网来降低管理成本。“现实是我们的费用透支了。我们必须思考如何更好地处理，同时降低人事部门在整个成本中所占的比例。”公司的人事副总裁格罗弗说道。她首先把基本的人事信息放在企业内部互联网上，然后安装了管理者用来计算价值增加的网络应用程序。价值计算的企业内部互联网版本包含对格罗弗先前发给管理者的电子数据表的一些改进，同时简化了人事工作。“虽然这并没有减少管理者花在工资汇总上的时间，但显著地减少了人事部门的工作时间。”她说道。同样，今年年末，她计划在企业内部互联网上增加维尔的股票授予计算来改进工作。

组织-传输-数据

许多行业无法精确地衡量其数据管理方面的需求量。“我们的前提是有太多的信息而不是没有足够的信息，”第一呼叫互动的工程师哈尔·罗伯茨（Hal Roberts）说，“10年前，所有金融服务公司都尽可能地获得更多的信息。现在的窍门在于迅速地找到正确的信息。”链接到几个数据库的企业内部互联网能够组织大量的材料。“企业内部互联网的价值很大部分在于界面，在于提取用户已经得到的信息并使之更易于找到。”他说。

例如，卡夫和JC彭尼公司都通过使用各自的企业内部互联网协调其销售活动，而这些销售活动在引入网络之前本来更为麻烦而且成本昂贵。JC彭尼的管理者能够通过公司的Infovision企业内部互联网查看销售报告，并与同级别的群体通过知识管理系统分享信息（如滞销货的报告）。用艾萨克松的话说，卡夫的销售团队，经常在外也能远程登录到部门的企业内部互联网上，“细致入微地”填写销售报告。

实现双赢的市场营销

MadeToOrder. com公司免费为客户也建立了企业内部互联网，使得客户的员工们只需轻轻一点就可以订购印有公司标志的衬衫、帽子等。MadeToOrder. com得到订单，客户自己控制标志的使用，而标志的使用在许多公司都是一个令人困扰的问题。“大多数公司在这项服务上花费了成百上千万美元。”该公司首席执行官罗斯说道。一些客户，包括赛门铁克公司和基督教青年会组织，都在使用这一服务。

2. 将正确的数据用在合适的地方

2. 将正确的数据用在合适的地方

弗兰克·斯坦菲尔德

有资料表明，脆奶油公司是从美国东南部最受喜爱的一家区域性店铺起家，进而奇迹般地风靡整个北美。但是，对于知识管理在该公司显著成长过程中所发挥的作用，却无详细著述。

脆奶油公司的确能够通过其动态的知识管理门户网站 mykrispykreme. com 立即汇编并重新区分时效性强的运营数据，而这一能力已成为公司超常规开设新营业网点的关键。战略性运用知识管理，正体现了创新型公司是如何利用其知识资产来增加收入，同时削减成本的。无论是简化特许经营体系，释放由兼并所带来的附加值，或是集聚专业团队再使用的信息，像脆奶油、千年制药公司、普华永道这些懂得如何以及何时配置不同的知识管理成分的公司发现，这一曾广受褒奖而后几乎被人遗忘的实践现在比以往任何时候都能直接地提高业务水平。

搜索和配置

脆奶油公司的店面管理者不断搜集公司所经营的高效营业网点所需要的一切数据——例如,各分店每小时的甜甜圈产量,以及顾客对公司目前促销活动的反应。但这些信息分散在整个组织中,以至于公司无法"将其转化为可采取行动的信息",脆奶油公司的首席信息官弗兰克·胡德(Frank Hood)说道。意识到公司的高增长计划能否实现取决于能否迅速扭转这种状况,胡德领导开发了不断更新的知识管理门户网站,通过该网站,店面经理不仅能提交自己的活动报告,而且还可以进入以前几乎无法获得的其他分店的数据库。

该门户网站基于 vanilla 网络应用平台,成为管理者的一项突破性的管理工具。"它像一站式商店,管理者可以在那里选购经营业务所需了解的东西。"胡德宣称。如果没有这样的工具,最佳实践从一家分店有效传递到另一家分店就会受阻,而最佳实践的有效传递正是特许经营业务快速增长的关键因素,也是脆奶油公司超越对手之处。同样重要的是,该门户网站能使高层管理者更为直接而明显地观察到组织的关键层面。

从何处着手

尽管成熟的知识管理措施可能包含遍布于复杂的全球性组织中的无数实践与应用程序，但每一项有效的知识管理活动都源于相当简单的对话。知识管理大师劳伦斯·普鲁萨克(Laurence Prusak)解释说："根据公司的规模，人们应当分别在小组、单位或部门中坐下来问，'我们具备哪些知识？哪些属于私人的知识应当公开化？哪些是我们想要具备却还没有的知识？'然后，他们应该制定出运营战略来达到目标。"普鲁萨克还与汤姆·H. 达文波特(Thomas H. Davenport)、H. 詹姆斯·威尔逊(H. James Wilson)合著了《这意味着什么？创造并利用最好的管理思想》(*What's the Big Idea? Creating and Capitalizing on the Best Management Thinks*)一书。

在脆奶油公司，围绕上述问题的集中讨论产生了企业的门户网站。作为公司知识管理的核心，该网站有助于加速并简化一系列的业务流程，例如共享新产品信息，观看平面图，订购设备并且生成财务报表。但其价值不仅限于直接店面管理。该门户网站的授权用户能查看财务数据以及诸如品牌建设方针、驾驶路途中的无线电通讯摘要、流动录像片段等方面的营销信息，甚至脆奶油公司营销活动背后的哲学。

将知识管理融合到脆奶油公司的整个经营之中，使得公司能更加敏锐地关注全局。“我们最大程度地充分利用知识管理，通过预测和计划下一件大事，即扩张下一家分店，”胡德说，“如果你试图了解为何某件事出了偏差，信息对于透彻地分析问题是重要的。我们通过掌握信息，更好地计划如何使事情在将来做得正确。”胡德发现，随着数据的更易于获得，人们的态度发生了理性的转变，“我们已经创造了一个无法离开此类信息的环境”。

知识整合

在制药业中，产品的发明直接源于发明者所掌握的知识，因此，发明者具备掌握快速变动的数据并将其跨学科整合起来的能力是至关重要的。疾病研究要求你能“把极为复杂的智力拼图玩具拼成一个整体”，千年制药(Millennium Pharmaceuticals)公司知识管理总监约瑟夫·霍瓦特(Joseph Horvath)说，“问题在于‘拼图块’并不都在你的桌上，而是散落在世界各地，在公共数据库里，在期刊文章里，在未出版的研究发现中。”为了有助于研究人员更加容易地找到正确的“拼图块”，千年制药公司建立了知识管理的框架，既整合了外部文献，又整合了内部数据。

向科学家传递更加完整、可检索甚至可计算的信息对于在这个行业作出有效的决策是至关重要的，因为在这个行业里，公司具备预测一种药品远期成功概率的能力是产生投资回报的关键性驱动因素。

迅速协调复杂信息在千年制药公司处理重组、兼并收购业务中也是值得一试的。这些情形经常要求公司能快速评估其信息和知识资产，包括从实验室笔记、电子数据库到与过去项目、合作、关键技术相关的无形的专有技术。如果一不注意，这些资产可能挥发掉，或深埋于离岸仓库，或被离职员工带走。这些资产甚至在公司外被“出售”，因此，保留相关文件和专有技术对于保证资产的市值很重要。

“你怎么才能保证你在人们离开前能吸取他们的隐性知识——像实验室冷藏库里的一切物品?”霍瓦特问道。他说:“在制药公司，细胞系、细胞试剂和昂贵物质并没被清楚地标明或列出，标明或列出的是酸奶酪和午餐。”千年制药公司在其近来的重组中，运用围绕知识管理的组织学科尽可能充分地获取价值。这意味着要使受变动影响的人能尽快进入流程，在现有的流程中进行知识贮存的调查，甚至绘制核心人员离职时间表。“尤其在生命科学领域，人们关注的是工作的延续，”霍瓦特说，“他们希望公司关注他们的工作而不是被任务报告所束缚。”

"你看到的将不是标榜知识管理成功的素材，而是更好的执行和战略方面的素材。"

传 播 知 识

知识管理正帮助普华永道的执行官们解决在信息经济条件下所面临的最急迫的问题之一，即如何提高知识劳动者的生产力，知识劳动者在这里指的是税收、审计、咨询方面的专业人士。例如，这项改进中决定性的工作是，普华永道下属主要的税收知识管理小组已经为几个不同的税收领域创建了在线同业社团，焦点集中在以问题工具包的形式编制相关数据上。该工具包包括技术背景、专家介绍、质量和风险管理评估等方面的内容，不仅帮助专业人士辨别重要问题，而且有助于制定满足客户需求的办法。普华永道负责美国知识管理的合伙人克里斯托弗·西普里亚诺（Christopher Cipriano）认为，由于采用单一路径来获得广泛的解决问题数据，生产力得到了提高，公司估计在未来一年里，该工具包可以带来 2 500 万的净利润。

然而，即使当知识管理活动与公司战略一致，并包括激励措施和良好的培训，你怎么能保证人们会在一个庞大而复杂的组织里使用一种新的系统呢？要使人们改变工作方式并非轻而易举。当你同时引入一种全新的软件平台（这也是知识管理活动经常发生的），你会发现事情愈发困难。意识到这一点，普华永道把它的知识管理系统建立在员工已经熟悉的平台上，从而对现有的20个由定制化搜索引擎驱动的数据库作了分类。“按照我们当前的设施，我们无法跨数据库搜索，而只能在本数据库内。通过链接这些数据库并允许人们一次性搜索多个数据库，我们将知识管理发展到下一个更高的平台。”西普里亚诺说道。

在来自一线员工所提供信息的帮助下，像脆奶油公司、千年制药公司、普华永道等行业领先的公司正在寻求知识管理简化运营流程，支持兼并收购，提高客户服务的最佳结合点。按照摩立特公司首席知识官艾伦·坎特罗威的说法，知识管理具有“实质的、中性而持久的”价值。坎特罗威表示说：“你看到的将不是标榜知识管理成功的素材，而是更好的执行和战略方面的素材。”

3. 信息技术的再认识

3. 信息技术的再认识

埃里克·马库斯

一些关键的通信技术最终能够增加企业的利润。你需要调查这些技术,关注如何利用这些技术来打造竞争优势。

个人网站

当你设立好自己的网络浏览器,个性化的雅虎、《华尔街日报》版本会出现在屏幕上。但是在本文中,所有“个性化”的真正含义是:当你开始这一服务时,你会检查一些框框是否指示你所希望看到的预定的内容,以及用什么格式表现这些内容。

互联网不久将成为我们每个人提供反映个人兴趣爱好的真正唯一场所。除了预定选择外,新的互联网将基于我们所使用的网页,我们的位置,以及许多其他特征理解我们的喜好。然后,互联网将选择并安排在我们希望看见的时候展现我们所希望见到的内容。

机会在哪里呢？为什么不成立一个能够提供一整套针对客户需求服务的公司协会？例如，你能联合定期航线与客户最喜爱的连锁旅馆、汽车租赁公司等来建立个性化的旅游站点，这会使今天的旅行网站向着真正个性化的方向迈进一步。

知识共享和管理

几乎很少有公司已经领悟出如何来使大批员工真正投入到今天的知识管理系统中去。结果，这些公司成了过时信息的惰性资料库，造成了时间上的巨大浪费。

欧洲一家大型银行已经开发了一种解决知识共享困境的创新方案。该银行把企业内部互联网前端设计成一个地图界面，看起来像一个村落。建筑物代表了银行的不同业务。在每个建筑内部，大厅的滚动屏上都标注了每一层楼正在讨论的内容，而每一层楼的滚动屏上都标注了每个房间正在讨论的内容。每个员工都能看到并参与其中。

最初，员工访问企业内部互联网只是看看讨论的主题都是什么，随后，企业内部互联网的使用量开始增加。很快，员工们表示，他们使用企业内部互联网的主要动机是为了获得解决问题的成就感，而且很多时候是与根本不认识的人一起解决问题。

实时通信

设想你正着手于某项重要的提案，这时你先前打电话联系好几次却没讲上话的专家发了一条即时信息给你，于是你立即把相关内容放进你准备的文件里。成百上千的员工已经发现，即时信息（如美国在线时代华纳公司的 IM、ICQ、MSN 信息）比电子邮件或电话更加便捷。国际数据公司最近预测，即时信息用户数量将由 2001 年的 1 840 万户增加到 2005 年的 2.292 亿户。通过网络传输的数据量已经超过通过声音传输的数据量。机器与机器间的通信量很快将超过人与人之间的通信量。

通过充分利用这些能力，组织能够提供哪些新的服务呢？总是会有拥有流动资产的公司（如卡车、火车和集装箱）能够知道哪些是新的服务。供应商可以通过建立智能无线自动再订购系统加强它们与采购商的联系。无线化创造了各种各样新的机会，你的组织如何将其投入使用呢？

电脑引导下的搜索、客户服务、投标与报价

当你使用 Google、Excite 或 AltaVista 在互联网上搜索钻戒时，你正在使用的是某一软件代理商。代理商只是我们邀请来为我们完成任务的帮手。代理商在今天的另一作用在于找到某一商品（如压缩光盘）的最低价格。

当前，人们使用软件代理商来提供信息，比价，甚至接受订单。不久软件代理商将：1）启动并促进协作；2）交叉销售产品和服务；3）处理从采购到支付的业务。

技术的广泛应用并未取代面对面的沟通。能够明白如何借用这些通信技术将顾客、需求和解决方案更加紧密地联系在一起的公司将会成为未来十几年市场上的赢家。

作者简介

作者简介

汤姆·达文波特，巴布森学院信息技术与管理教授，已经著有、合著或编辑了11本著作，其中七本由哈佛商学院出版，畅销书有两本

马蒂森·克罗，《哈佛管理前沿》杂志的撰稿人

戴维·博思，埃森哲公司健康与生命科学业务的合伙人

戴维·Y. 史密斯，埃森哲学习解决方案部门的合伙人

黛安娜·麦克费林·彼得斯，宾夕法尼亚州哈里斯堡的讲师和咨询顾问，与哈尔·F. 罗森柏斯（Hal F. Rosenbluth）合著了《全美最佳公司人力资源管理实践》一书

丽贝卡·M. 桑德斯，《哈佛管理前沿》杂志的撰稿人

劳伦·凯勒·约翰逊，《哈佛管理前沿》杂志的撰稿人

戴维·斯托弗，蒙大拿州的商务作家

洛伦·加里，《哈佛管理前沿》杂志的撰稿人

维杰·威斯温纳斯，贝恩全球消费品咨询业务的主

管合伙人

玛西娅·布伦科，贝恩公司的全球组织业务主管

弗兰克·斯坦菲尔德，咨询顾问，提倡使用通信技术促进组织变革

埃里克·马库斯，伊利诺伊州林肯郡 Corporate Alchemy 公司总裁